KB272745

핵심 재테크

핵심 재테크

임태순 지음

이담 Books

들어가는
말

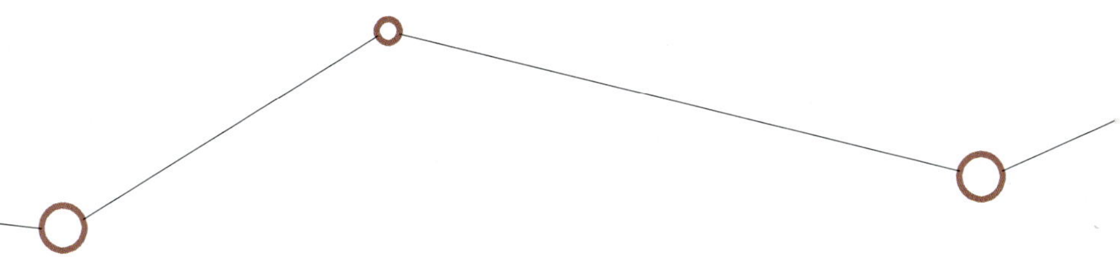

‘부자’가 되고자 하는 열망이
뜨겁게 타올라 우리 주변을 맴돈 지도 몇 해,
그러나 채워지지 못한 아쉬움이 남아 아직도 우리 곁을
서성인다. 저금리 시대의 도래와 함께 찾아온
‘재테크’란 용어도 우리의 팔짱을 낀다.

어디 이뿐인가?

고령화 사회란 틈을 비집고 나타난 ‘재무설계’란 놈이
잽싸게 달려와 인사를 건네기가 무섭게
바로 친구 하자며 손을 덥석 잡는다.
우리의 삶과 결부된 금융화두(話頭)인,
‘부자’, ‘재테크’, 그리고 ‘재무설계’……

그렇다!

아마도 이 화두들은 21세기를 살아가는 우리가
성취하고픈 욕망이 응축된 보고(寶庫)이며,
아울러 행복한 삶을 준비하기 위해선
반드시 지식의 재무장이 요구되는 분야가 아닐까 한다.

본 서는 현대를 살아가는 우리에게 꼭 필요하다고 생각되는 재테크 지식을 단순화시켜 알기 쉽게 정리한 책입니다. 항상 손에서 가까이할 수 있도록 내용을 주제별로 간결하게 작성하여 필요 시에는 언제든지 폴더처럼 꺼내 생각을 정리할 수 있도록 하였습니다. 부자들의 삶을 통해서 부자가 되기 위해서 필요한 것은 방정식과 같은 복잡한 이론이 아니라 단순화된 원리와 철학이 깃든 실천이라는 사실이었습니다. 따라서 본 서는 부자들을 곁눈질하여 독자 여러분이 부자의 모습을 그릴 수 있도록 '부자 폴더'를 맨 앞에 두었습니다.

본격적으로 부자 되기를 연습할 수 있는 '재테크 폴더'에서는 주식투자, 펀드투자, 부동산투자, 그리고 금융상품에 대한 투자를 정리하였습니다. 마지막으로는 노후를 준비하고 행복한

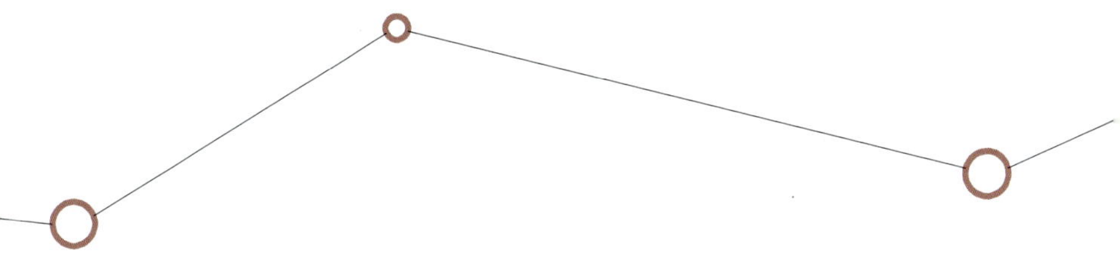

생애관리를 계획하고 실천할 수 있도록 '재무설계 폴더' 를 마련

하였습니다.

원고를 마무리하면서 채워져야 할 부분이 남아 있음을 통감

하지만, 본 서에 실린 금융지식을 여러분과 공유하여 모두가 부

자 되시고, 우리나라가 행복한 부자나라가 되었으면 좋겠습니다.

이 책이 나오기까지 수고를 해 주신 한국학술정보(주)의 채

종준 사장님께 감사를 드립니다.

2010년 2월

태성원에서 임태순

차례

Part 1 부자 폴더

부자 이야기

차례

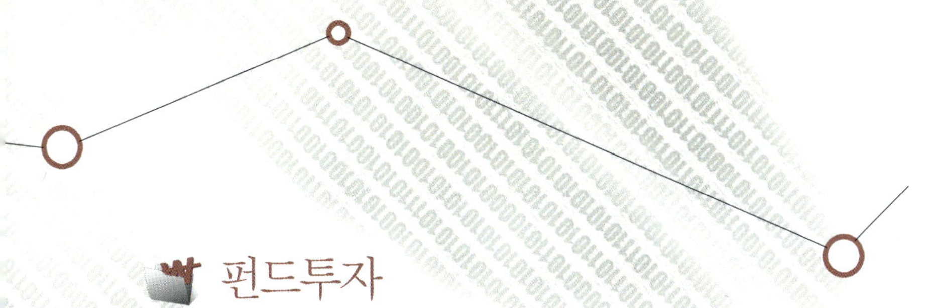

펀드투자

펀드매니저 이야기

차례

부동산투자

부동산투자 이야기

금투자

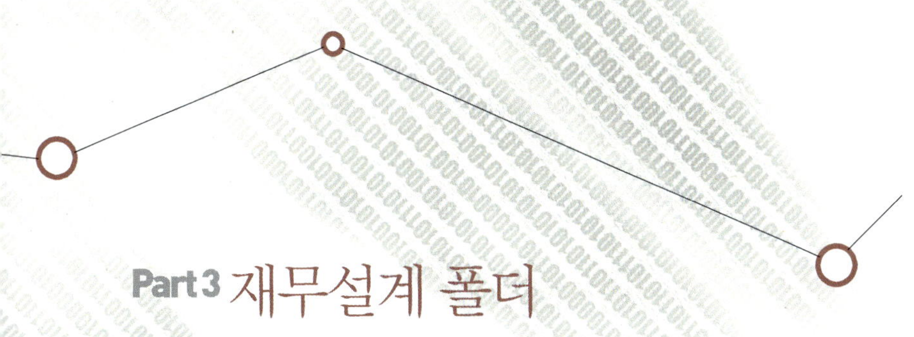

Part 3 재무설계 폴더

Part 1
부자 폴더

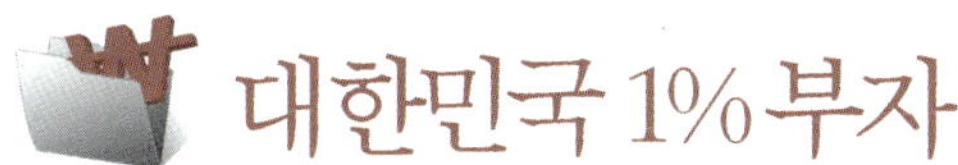

대한민국 1% 부자

대한민국 1% 부자를 정확하게 선별하기란 쉽지 않은 일이다. 어느 부자들도 자신의 부를 드러내기를 원하지 않기 때문에 정확한 자료를 구하기 어려운 한계가 있다. 따라서 국내의 모 경제신문[1]에 실렸던 기사를 중심으로 우리나라의 1% 부자들(2007년도 기준)을 필자가 재구성해 보면 아래와 같다.

순자산을 기준으로 살펴보면, 상위 1% 부자는 23억 원의 자산가, 상위 5%의 부자들은 약 10억 원의 자산가, 그리고 10%의 부자들은 6억 원 정도의 자산가라고 여겨진다. 통계에 기초한 이 부분은 기준 연도 이후 상승을 지속했던 국내의 아파트 값을 감안해서 해석할 필요가 있다고 생각된다.

연평균 소득을 기준으로, 이들의 소득은 1억 8,000여만 원

---

1) 매일경제신문 2007년 12월 12일 일자 기사내용 참조.

에 해당되어, 매월 최소 500만 원씩의 여윳돈이 있는 가정이다.

2007년 노동연구원의 자료를 참고하면, 2인 이상 전국가구의 연평균 소득은 4,000만 원 수준이며, 상위 소득 20% 안에 드는 사람들의 평균 금융자산은 3,000만 원이었으나 1억 원가량의 부채[2]를 가지고 있는 것으로 파악되었다. 부자들을 인구통계학적으로 구분해 보면, 40대와 50대가 80%를 차지해 이 나이 그룹이 주류를 형성하고 있다.

이들 그룹에 속한 가장들의 직업분포를 보면, 전문직에 종사하는 분포가 20% 이상으로 가장 높게 나타났으며, 기술 분야 종사자, 자영업 종사자 등도 많은 분포를 보였다.

---

2) 소득 상위 20% 안에 드는 사람들이 금융자산을 소유하고 있으면서도 이보다 많은 부채를 가지고 있다는 사실로 미루어 부동산(주로 아파트) 구입으로 인한 주택담보대출의 영향으로 보인다.

핵심 재테크 1% 부자들의 가구에 속한 가장의 학력은 대학원 졸업이 14%, 대학 졸업이 약 33%, 전문대 졸업이 9%, 고등학교 졸업이 약 35% 등으로 분포되어 있어, 학력과 부자 사이엔 특별한 연관성이 없어 보였다.

마지막으로 이들의 소득구성을 보면, 사업소득과 근로소득에 의존하는 경우가 가장 높은 것으로 나타났다.

부자들이 보는 부자기준

부자란 정말로 어떤 사람들일까? 아니 어느 정도의 부 (富)[3]를 소유하고 있는 사람들인가? 이를 정확히 밝힌 다는 것은 참 어려운 일이다. 부자란 단어 자체가 상대적인 가치의 개념이기 때문이다. 우리는 '대한민국 1% 부자' 라는 내용으로 부자들을 곁눈질하여 훔쳐보았다. 그렇다면 부자들이 보는 부자의 기준은 어떻게 될까?

부자들이 보는 부자의 기준은 '대한민국 1% 부자' 보다는 상대적으로 높은 기준이 설정된 것 같아 보인다. 이들은 최소 100억 이상의 자산을 소유한 사람을 부자로 여긴다. 이들은 부자의 기준으로 소유자산의 크기뿐만 아니라 살아가는 삶의 모습에서도 나름대로의 부자기준을 설정하여 부자를 구분하는 경향이

---

3) 《부자아빠 가난한 아빠》의 저자인 로버트 기요사키는 부(富)를 지업 없이 경제적으로 얼마나 버틸 수 있는가의 척도로 보았다. 참고: 《부자아빠 가난한 아빠》, 로버트 기요사키, 형선호 옮김, 황금가지, 2009.

있다. 부자를 구분하는 좀 더 구체적인 방법이라고 여겨진다.

우선, 소비적인 측면에서 보았을 때, 매월 소요되는 생활비로 2,000만 원이 넘도록 지출하는 그룹을 부자로 여긴다.

따라서 비록, 소유자산 측면에서 부자라 하더라도 소비가 따르지 않는 '수전노' 같은 부자는 부자로 여기지 않기 때문이다. 이들이 소비 측면에서 부자를 바라보는 것은 생활의 수준을 보는 측면으로 해석이 된다. 부자들은 주택을 선택함에 있어서도 차별성을 보인다. 이들은 강남의 아파트와 같은 대단지를 선택하기보다는 사생활과 독립성이 보장되는 곳에 주거지를 마련하는 경향을 보인다. 이들이 사생활 보호에 많은 신경을 쓰고 있다는 모습을 엿볼 수 있는 대목이다. 이들은 드러내 놓고 외부 활동에 적극이기보다는 그들만의 그룹인 이너서클을 활용한 활동 등에만 주력하는 경향이 있다.

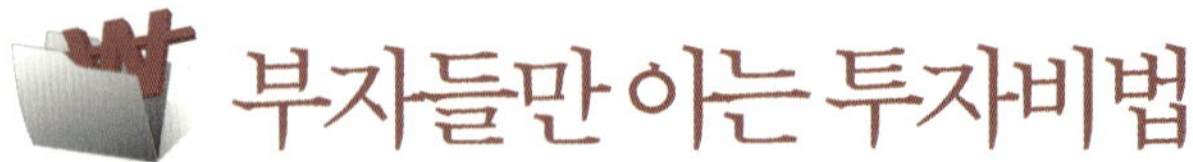

부자들만 아는 투자비법

부(富)란 한자어로 '집에 복이 깃든다'라는 의미로 해석이 된다. 오래전부터 우리 선인들은 부란 개념과 복이란 개념을 같은 선상에서 해석한 것으로 이해가 된다.

과거엔 부와 관련된 이야기를 공공장소에서 언급하는 것이 점잖지 못하게 여겨지던 때도 있었다. 우리는 단군 이후 최대의 환란으로 여겨지는 IMF외환위기를 겪으면서 우리 사회는 부와 관련된 내용을 공공연하게 노출하는 사회적인 변화를 자연스레 맞이하였다. 이런 분위기에 편승하여 짧은 시간에 부를 일군 투자자의 성공담은 주변 사람들의 이목을 집중시켰고, 성공담의 새로운 주인공으로 탄생하고픈 열망들이 꼬리에 꼬리를 물게 되었다.

세상에 공짜 점심은 없다(No! Free Lunch).[4] 투자의 관점에

---

4) 'No! Free Lunch'는 어떤 상황에서 사용되는가에 따라 여러 가지로 해석할 수 있다. 주식시장을 포함한 투자시장에서는 '수익에 대한 위험의 보상관계'로 해석된다.

서 볼 때 많은 수익을 얻었다는 것은 결국 그에 대응하는 만큼의 많은 위험을 감수한 것이라고 생각된다. 즉, 많은 수익은 감수한 위험에 대한 보상이다. 이들은 주식, 부동산, 또는 자신이 남들보다 많이 알고 있는 특정분야에서 위험을 감수한 투자를 했을 것이며, 부자란 단지 보상의 결과물에 해당된다는 것이다. 성공적인 투자를 하기 위해선 몇 가지 전제조건이 필요하다.

첫째, 부자들은 본인이 확실하게 아는 분야에만 투자를 한다. 자신이 알지 못하는 분야에는 절대 투자를 하지 않는다. 이들은 오랫동안 축적된 자신의 경험을 통하여 미래를 보는 안목을 가지고 자신이 확실하게 아는 분야에 투자를 하는 것이다.

둘째, 손해를 보지 않는다. 세계적인 투자자인 워런 버핏이 강조한 투자원칙이 있는데, 내용은 절대 원금손실이 없게 한다는 투자원칙이었다. 마지막 조건은 어떠한 상황에도 흔들림이

없다는 사실이다. 자신이 결정한 판단에 자신을 믿는 확신이라

고나 할까?

부자들의 소득주머니

"**근**면함은 작은 부자(小富)를 만들고 재벌(財閥, 혹은 大富)은 하늘이 만든다."라는 옛 어른들의 말씀이 있다. 부자이든 재벌이든 이들의 소득 주머니는 일반 샐러리맨들과 어떻게 다를까? 샐러리맨들은 자신이 믿는 유일한 소득 주머니인 근로소득에 삶을 의존하며 살아간다. 하지만, 부자들은 다양한 소득 주머니를 가지고 있다는 점에서 차이가 있다.

부자들의 소득 주머니를 들여다보면, 임대수입, 사업소득, 근로소득, 이자소득과 같이 소득 주머니가 많이 있다는 차이점이 있다. 수입이 많고 적음을 떠나 일반인들과 비교하여 보통 4배 이상의 소득원이 갖춰져 있다.

부자들의 수입원을 구성하는 가장 주된 원천은 임대소득이다. 이들은 이미 축척한 자산을 바탕으로 임대가 가능한 빌딩, 상가, 그리고 오피스텔 등에 투자하여 임대소득을 얻고 있다.

임대소득을 얻기 위해서도 많은 노력이 필요하겠지만, 그래도 어디 상사의 눈치를 감수하고 몸으로 움직여야만 되는 샐러리맨들의 노력에 비하겠는가? 이래서 임대소득을 샐러리맨들의 로망이라고까지 말하지 아니한가?

다음으로 커다란 소득원은 자신의 사업에서 얻는 사업소득이다. 그다음이 세 번째로 샐러리맨들의 삶을 지탱해 주는 바로 근로소득이다. 그리고 부자들의 마지막 소득원은 이자소득이다. 이자소득은 금융소득의 개념으로 금융과 결부되어 얻어지는 소득을 포함한다.

부자들의 생활철학

부자들의 철학을 하나로 요약하기란 쉽지 않다. 세상에 많은 부자들이 존재하듯이 이들의 철학도 매우 다양하기 때문이다. 하지만, 그래도 이들이 가지는 공통적인 철학을 찾아서 몇 가지를 소개해 보면 다음과 같다.

첫째, 이들은 생각보다 매우 검소하다. 이들은 자신이 소유한 것에 비하여 검소한 경우가 많기에 보통사람들이 쩨쩨하다고 생각될 정도로 인색한 경우가 많다. 미국에서 한때 선풍적인 인기를 끌었던 유명한 책인 '백만장자인 나의 이웃(The Millionaire Next Door)'에서 아주 평범해 보이며 나의 이웃에 사는 백만장자 부자들은 주로 10년이 넘도록 오래된 자동차를 타고 다닐 정도로 검소하다. 세계의 부자인 워런 버핏도 자신의 부에 어울리는 새집을 마련하지 않고 수십 년 된 낡은 집[5]에서 살면서, 오래

---

5) 버핏은 1958년 이 집을 구입한 이래 한 번도 이사를 하지 않고 검소하게 생활하고 있다.

된 차를 몰고 다니는 것으로 유명하다.

둘째, 이들을 지배하는 키워드는 '가치(value)'[6]이다. 이들이 세상을 보는 눈은 항상 그럴 만한 가치가 있는 것인가란 점이다. 이런 가치의 원리가 이들을 지배하기에 한 푼, 두 푼 어렵게 모은 돈이지만 자신들이 가치가 있다고 생각되는 부분에 대해서는 아무리 커다란 금액이라도 아낌없이 돈을 쾌척하는 것을 볼 수 있다. 우리는 신문을 통하여 자신에 대한 투자에 너무 할 정도로 인색하신 분들이 어느 날 많은 돈을 사회에 환원하는 모습을 접할 때, 부자들이 가치를 중시하는 삶을 영위한다는 것을 엿볼 수 있다.

---

[6] 부자들의 마음을 지배하는 가치란 '과연 그럴 가치가 있는가?' 라는 자신들의 질문에 관한 내용이다. 따라서 우리가 사회에서 통용되는 일반적 가치와는 달리 주관적인 가치가 지배될 수 있다.

셋째, 매우 근면하다. 부자들 중에는 소위 말하는 '아침형 인간'[7]이 많다. 설문조사에 따르면, 부자들은 늦어도 오전 6시 전에 기상을 하며, 심지어는 오전 4시경에 일어나는 분들도 많다. 몸에 밴 부지런함을 일생 동안 간직하고 살아온 일례로 고(故) 정주영 회장께서 아침 일찍 기상했던 일화[8]는 너무나도 유명하다.

마지막으로 몸에 밴 생활철학을 조금도 흔들림 없이 지속적으로 유지한다는 점이다. 따라서 마침내는 생활철학을 습관에 이르게 하는 공통점을 가지고 있다.

---

7) 아침형 인간은 한때 서점가를 휩쓴 책의 제목이기도 하다. 서점가를 거닐다 보면, 아직까지도 제2, 제3의 아침형 인간이란 책들이 서점가를 배회하고 있는 것을 볼 수 있다.
8) 고(故) 정주영 회장께서는 자신이 일찍 일어나는 이유를 '내일이 기대되어서'라는 표현으로 일반인들이 일을 중심으로 할 일을 마무리하기 위해서 기상하는 느낌보단 보다 적극성을 가진 동인(動因)이 있었다고 여겨진다.

 부자들의 생각과 행동

부자가 되기 위해선 부자들이 어떻게 부를 일구었는가 하고 관심을 가져 볼 필요가 있다. 마치 "부자가 되기 위해선 부자를 따라가라."라는 말이 존재하듯이……. 아마도 부자들처럼 생각하고, 부자들의 행동을 따라 행하는 것이 부자가 되는 길이 될 수도 있기 때문이리라. 부자들은 돈의 흐름을 본능적으로 알아채고 남들보다 한발 앞서 먼저 움직인다. 이들이 돈의 흐름을 냄새 맡는 것은 훈련에 의한 것일 수도 있지만 남과 구별되는 천부적인 유전인자(DNA)를 가지고 있을 수도 있다고 생각된다.

이들의 의사결정체계를 보면 일반인들과 차별화되는 점이 있다. 의사결정을 하기 위하여 많은 숙고의 시간을 갖는다. 하지만 일단 결정이 되면 단호하며, 결과에 대하여 일희일비하기보다는 길게 보고 여기진데신 흔들리지 않는 행동양식을 가진다. 이 부분에서 일반인들과 구별되는 차이가 존재한다고 생각된다. 일반인들의 경우에는 의사결정까지 이르는 시간이 짧은 편이지만, 의사결정 후에도 쉽사리 흔들리는 경향이 있다. 부자들이 추구하는 것은 한순간의 대박을 꿈꾸기보다는 합리적으로 오랜 시간에 걸쳐서 장기적으로 부를 축적할 수 있는 방법에 무게를 두고 의사결정이 이루어진다.

우리나라의 부자들은 주로 부동산을 통해 부를 축적하여 왔다. 1970년대 이후 급속한 산업화가 이루어지면서 수반되는 인플레이션과 지가앙등시대에 부동산은 재테크의 왕도였다. 이들의 자산배분구조를 들여다보면, 자산의 70% 이상을 부동산으로 소유해 왔다. 부자들은 산업화에 따른 지가앙등의 혜택을 받았던 것이다. 하지만 최근 들어서는 이들의 포트폴리오 구성 중에서 부동산이 차지하는 비중이 조금씩 하락하고 금융자산에 대한 비중이 증가하는 경향을 보이고 있다.

　한 설문에 의하면 부자를 50억 원 이상의 자산가로 보는 시각도 있다. 이는 소유한 주택을 제외하고 30억 원 정도의 금융자산을 소유한 사람[9]이라고 볼 수 있다. 2007년 이후 있었던 부동산 가격의 상승으로 인하여 자산의 척도로 보는 부자의 기준이 증가되는 경향을 보이고 있다. 이들은 항상 귀를 열어 두고 재테크 관련 정보에 관심을 두는 경향을 보인다. 하지만 정보를 듣고, 때론 전문가의 의견을 참고는 하되 부화뇌동하지 않고, 자신의 판단하에 투자를 결정하고 행동으로 옮기는 특성을 가지고 있다. 이들의 주된 관심사는 상속과 증여다. 어떻게 하면 상속과 증여를 미리 할 수 있는가에 대해 많이 고민하고 있는 것이다. 자신의 사후에 대한 준비라고 할 수 있다.

---

9) 〈한국의 부자들〉이란 책의 저자인 한상복 교수도 자신이 소유한 집을 제외한 금융자산이 20억 원 이상의 재산가를 부자라고 보았다. 참고: 〈한국의 부자들〉, 위즈덤하우스, 2003.

 부자들이 싫어하는 두 글자

부자들이 가장 싫어하는 단어는 '낭비' 다. 검소함을 생활의 신조로 알고 생활해 온 이들의 삶에서 가장 싫어하는 것은 낭비의 원인이 된다고 여겨지는 '분에 넘치는 삶' 일 것이다. 우리가 생각하는 것과는 달리 이들은 자신에 대해서 매우 엄격한 철학을 가지고 살아간다. 따라서 우리가 쉽게 연상하듯이 '최고급품으로 온몸을 치장한 모습', '최고의 음식', '명품 마니아' 와 같은 추측은 이들의 실제 모습과는 많이 다를 수가 있다.

하나의 일례를 살펴보면, 현대를 일군 고(故) 정주영 회장께서 작고하신 후에 매스컴을 통하여 알려진 유명한 사진이 있었는데, 바로 구두 뒤축을 몇 번이나 간 흔적이 남아 있던 낡은 구두[10]의 모습이었다. 이 낡은 구두는 우리에게 그 어떤 말보다 강

---

10) 그는 구두가 닳지 않도록 굽에 징을 박아 신고 다닐 정도였다. 굽을 갈아 가면서 세 켤레의 동일한 디자인의 구두로 30년을 넘게 신었던 것이다.

한 메시지를 던져 주었다.

이미 앞에서 한 번 언급한 바와 같이 가치(value)의 관점에서 아무리 검소함이 밴 부자들이라도 때로 자신이 중요하다고 생각되는 소비에서는 명품을 고집하는 경우도 있다. 예를 들면 시계만은 고급시계를 산다든지, 아니면 자동차만은 고급을 이용한다든지 하는 경우다. 이는 아마도 자신의 노고에 대해 스스로 베푸는 최소한의 보상일지도 모른다.

가까이하기엔 너무 먼 당신들!

부자들이 '가까이하기엔 너무 먼 당신들'에는 어떤 것들이 있을까? 결론부터 말하자면 '질병', '빚보증', 그리고 '세금'이다. 누구나 건강의 축복을 받고자 하는 것은 인간의 가장 기본적인 욕망이라고 생각된다. 건강의 뒷받침 없이는 어떠한 것도 얻기가 쉽지 않으며, 설사 그 어떤 것을 얻었다 할지라도 그것을 지키는 것이 쉽지 않기 때문이다.

다음은 빚보증에 대한 내용이다. IMF외환위기를 겪으면서 빚보증에 대한 우리들의 인식이 많이 바뀌었지만, 과거엔 지인들 간에 서로 빚보증을 부탁하고, 빚보증을 해 주는 경우가 많았다. 하지만, 불행히도 이런 빚보증으로 인하여 개인이 파산하고 신용불량자가 되는 경우도 발생하였다. 특히 IMF위환위기가 발생되자, 이런 빚보증에 대한 폐해가 너무 많이 발생할 수밖에 없었다. 오죽했으면 정부에서도 제도적인 보완과 개선을 통하여 빚보증이란 충격파를 줄이고자 했겠는가?

필자는 어릴 적부터 동네의 어르신들을 통하여 "남의 빚보증을 서지 마라."라는 말을 자주 듣고 자란 기억이 있다. 또한 마을의 어떤 집안에서는, 가훈이 바로 "남의 빚보증을 서지 마라."라고 하였던 것으로 알고 있다. 집안의 가르침이 "남의 빚보증을 서지 마라."라고 하였다니……. 과거 민초들의 삶 속에서 빚보증에 대한 두려움이 낳은 결과라고 여겨진다. 빚보증은 선한 마음에서 출발하여 결국은 보증을 서 준 개인에게 족쇄를 채우고 그 가정 전체에 영향을 미친다는 것을 마을 이웃들의 모습을 통하여 학습효과를 낳았으리라. 그리고 이런 학습효과는 급기야 '~되어라' 형식이 아닌 '~마라' 형식의 가훈을 만들어 냈으리라 여겨진다.

마지막으로 무서워하는 것이 세금이다. 세금이란 어쩜 세계의 공통어 같기도 하다. 세금에 대해 일반인들이 느끼는 체감기온은 동양과 서양이라는 구분이 없어 보이기 때문이다. 필자가 미국에서 생활하는 동안 미국인들이 우리나라의 국세청에 해당하는 미국의 IRS(Internal Revenue Service)를 두려워하는 모습을 보아 왔기 때문이다. 세금을 보고하는 기간이 되면 미국 사회 전체가 세금으로 골몰하는 것을 볼 수가 있다. 심지어 학교에서 시급을 받고 아르바이트하는 대학생들까지도 변변치 않은 그 금액을 정산하느라 정신이 없다. 일반인들도 이 정도인데, 부자들은 얼마나 더 부담스러워하겠는가? 이런 연유에서 부자들이 어떻게 절세를 할 것인가 하는 방법에 많은 시간을 투자하는 것 같다.

 우리나라의 부촌

우리나라의 부촌(富村: Villages for the Rich)은 어디일까? 독자 중에서 이미 이런 호기심을 가져 본 분이 계시다면, 그분은 이미 부자가 되기 위한 준비를 하고 계신 분이라고 필자는 생각된다.

일정수준 이상의 부(富)를 가진 부자들은 자신들과 생활방식이 비슷한 사람끼리 일정지역에 모여 살기를 원하는 경향이 짙다. 그러기 때문에 자연스레 부자들끼리 함께 모여 사는 부촌이 형성되게 된다. 부촌은 미국에도 존재한다. 미국에서 세금을 많이 낸 순위로 한때 1위에서 4위까지 오른 적이 있는 지역을 살펴보면, LA의 베벌리힐스, NY 롱아일랜드[11]의 라슬린, 그레이트 넥, 그리고 리틀 넥과 같은 지역들인데, 이들 지역이 미국의

---

[11] 라슬린과 그레이트 넥, 그리고 리틀 넥은 자동차로 서로 20분 이내에 접근 가능한 지역들이다. 과거 섬이었던 롱아일랜드는 뉴욕이 맨해튼으로부터 팽창하면서 경관이 아름다운 롱아일랜드가 고급주택가로 자리 잡았다.

부촌으로 꼽히는 곳이다. 이들 지역을 자동차로 돌아보면 여타의 다른 지역들과 다르다는 느낌을 마을에 진입하는 순간 누구라도 쉽게 갖게 된다.

우리나라에도 부촌이라고 불리는 곳이 존재한다. 우리나라 부촌은 10년 정도의 주기를 가지고 변모를 해 왔는데, 이는 우리나라의 산업화 과정과 맥을 같이한다고 볼 수 있다.

우리나라 부촌의 시작은 북한산을 중심으로 한 강북의 성북동과 남산 가까운 한남동이 원조로 꼽힌다. 이 지역은 풍수가들에 의해 재물이 들어오는 형상이라고 하여 오래전부터 재벌가들의 터로 자리를 잡으면서 우리나라의 전통적인 부촌으로 남아 있다. 그 후 급속한 산업화에 따라 우리나라 부촌의 반경은 넓어지기 시작했다. 경제개발 5개년 계획이 연속적으로 진행되면서 1970년대와 80년대에는 동부이촌동이 부촌의 자리에 명함을 내밀었다. 또한 우리나라 비행장이 여의도에서 김포로 자리를 옮기면서 여의도도 신흥 부촌으로 자리를 잡기 시작했다.

그 후 우리나라의 부촌은 한강 이북지역에서 한강을 넘어 남쪽으로 이동하였다. 80년대에는 강남개발의 후광지인 압구정동이 부촌으로 자리를 잡으면서 강남시대를 열었다. 그 후 2000년대엔 자녀들의 교육인프라가 갖춰진 대치동이, 그리고 주거형태의 변화에 따라 도곡동이 부촌의 왕관을 이어받아 왔다. 앞으로 예상되는 새로운 부촌으로는 용산이 미리 예약을 해 놓은 상태이다.

부자들은 사는 지역뿐만 아니라 생활공간에서도 변화가 나타났다. 부자들의 주거 양식은 과거 단독주택의 형태에서, 80년대 이후에 아파트로, 그리고 최근 들어서는 주상복합으로 그 선호도가 시대의 변화에 따라 변모하여 왔다.

부자와 재테크 서적

2000년 이후 재테크에 대한 관심이 우리나라 전역에서 일어났다. 단군 이래 최대의 환란이라고 하던 IMF외환위기를 겪으면서 너나 할 것 없이 경제의 중요성을 다시 자각하게 된 것이다. 혹독한 경제위기는 천직으로 알고 일하던 자영업자에게 '파산'이라는 고통과, 출근하던 직장인들에게 '실직'이라는 내몰림을 안겨 주어 어려움에서 자신을 지킬 수 있는 무언가에 대해 생각하게 만들었다.

우리나라 사람들이 자신을 지킬 수 있는 것에 대한 해답으로 찾은 것이 바로 재테크의 필요성이었다. 일부 계층에서는 내친 김에 아예 '부자'란 골인지점에 성급하게 다가가고자 하는 열망을 토해 냈다. 이러한 사회적 변화에 발을 맞추어 출판계에도 영향을 주었다. '부자'와 '재테크' 관련 서적들이 날개 달린 듯이 출판되어 우리의 호기심을 더욱 자극하게 만들었다. 누구나

한 번쯤 갖고 싶은 욕망을 자극하는 '종잣돈 1억', '10억 만들기', 또는 아빠들이라면 누구나 되고 싶은 모습을 투영시킨 '부자아빠' 까지…….

하지만, 어느 때부터인가 이상한 기류가 감지됐다. 그동안 들뜬 기분에서 성급하게 부자가 되고픈 열망을 토해 냈다면, 이제는 차분하게 재테크를 준비하는 분위기로 성숙된 느낌을 갖게 된다. 왜 이렇게 분위기가 전환된 것일까? 아마도, 한 번은 거쳐야 할 과정이라고 생각되는 세찬 바람이 지나가고 있기 때문일 수도 있다. 아니면, 목말라 하고 갈증을 느끼던 재테크 관련 지식이 어느 정도 채워져서 부족함을 채우고자 하는 욕망이 줄어든 측면이 있을 수도 있다.

하지만, 가장 큰 원인은 관련 서적들이 독자들을 바로 부자로 만들지 못한다는 어쩔 수 없는 한계기 있어서가 아닐까? 그렇다. 관련 서적들이 원리에 바탕을 두어 간접경험과 지식을 전달할 수는 있지만, 현실적으로 부자가 되는 것과는 별개의 문제가 될 수 있기 때문이다. 부자가 되기 위해서는 일관성 있는 투자에 대한 철학과 몸으로 실천해야 한다는 부분이 결국은 독자의 몫으로 남기 때문이다.

부자들의 화두와 위험관리

부자들의 화두는 '100세'[12]라고 한다. 일부에선 99세까지 팔팔하게 살자고 하는 '9988'도 한때 유행한 적이 있다. 어찌 되었건 부자들은 100세까지 건강하게 살고, 필요한 경제여력을 준비하자는 뜻으로 해석된다. 건강을 유지하고 경제여력을 준비하는 것이 어디 부자만의 관심사이겠는가? 이는 우리 모두의 바람이리라.

그런데 건강과 경제여력을 준비함에 있어서 우리는 다가오는 복병을 조심해야 한다. 예기치 않게 닥칠지 모르는 복병인 위험을 관리하는 것[13]이다. 과거와 비교해서 어느 때보다도 불확실성이 증대되는 현실을 감안해 볼 때, 위험요소는 점차 가중되고,

---

12) 우리나라의 평균 기대 수명이 80세를 넘어섰다는 보도가 있었다. 앞으로 출생하는 아이들이 80세를 넘게 살 수 있다는 의미이다.
13) 여기서 위험(risk)은 소위 말하는 위험(danger)의 개념과는 구별된다. 우리는 이를 위험관리(Risk Management)라고 한다.

다양해지며, 규모도 대형화되고, 영향이 미치는 범위도 한 국가를 넘어 세계적인 파급효과[14]를 주는 경우도 있다고 생각된다.

위험관리(Risk Management)는 자산관리뿐만 아니라 인생관리 전 영역을 지배한다. 우리가 소중하게 생각하는 돈, 명예, 건강 등과 같은 것들이 위험관리의 부재로 인하여 일순간에 물거품이 되는 안타까운 현실을 우리는 주변에서 종종 목격하여 왔다.

일례로, IMF외환위기를 맞이하기 전에 환위험(Foreign Exchange Risk)을 관리한 기업과 하지 못한 기업의 운명이 IMF외환위기 이후에는, 성장한 기업과 패망한 기업이라는 얼굴로 변하여 우리에게 다가왔던 것을 기억하게 된다. 세계적인

---

14) 최근의 예를 들어 보면, 조류인플루엔자, 글로벌 금융위기, 신종인플루엔자 등이 있다.

투자자인 워런 버핏도 '투자의 3가지 원칙'을 제시했는데, 이 세 가지 원칙이 모두 "절대 원금을 까먹지 않는다."라고 언급한 대목을 보더라도 위험관리가 얼마나 중요한지를 역설하고 있다고 볼 수 있다.

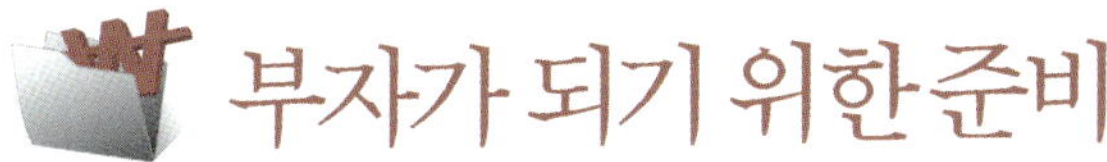

부자가 되기 위한 준비

부자란 매우 많은 부를 축척한 사람을 칭하는 말이다. 한자어로 볼 때 부자(富者)란 복이 깃든 집에 있는 사람을 말한다. 부자란 오늘 당장 일을 그만두어도 아주 오래 살 수 있는 경제적인 능력이 되는 사람[15]이 아닐까?

과거와 달리 최근 들어서는 부를 축적하는 수단이 다양화되어 가고 투자하는 방법이 점차 전문화되어 가고 있다. 따라서 부자가 되기 위해선 좀 더 많은 노력과 시간투자를 필요로 한다. 부자들의 특성상 사생활이 노출되는 것을 꺼리기 때문에 이들을 주변에서 만나 어떻게 하면 부자가 될 수 있는지를 배우기란 쉽지가 않다.

---

15) 〈부자 아빠 가난한 아빠〉의 저자인 로버트 기요사키는 '오늘 당장 일을 그만둔다면 얼마나 더 살 수 있는가'를 부의 척도로 제시하였다. 참고: 〈부자아빠 가난한 아빠〉, 로버트 기요사키, 황금가지, 2009.

그렇다면 부자가 되기 위해서 우리는 어떤 준비가 필요할까?

첫째, 자신이 부자가 되는 상상훈련이 필요하다. 여기에다 부자가 되기 위해 어떻게 할 것인가 하는 구체화된 방법을 계획해야 한다. 여러분은 아직도 베이징 올림픽에서 유도부분에 출전했던 '한판승의 사나이' 이원희 선수를 기억할 것이다. 혹시 그렇다면 이원희 선수가 시합을 위하여 훈련하던 상황을 방영했던 TV도 보신 적이 있는가? 이원희 유도선수는 시합에 앞서 미리 예상되는 시합을 상상하면서 가상의 훈련을 하였던 것이다. 세계 최고 기량의 운동선수들도 실전에 앞서 반복된 상상의 이미지훈련(Image Training)을 통해 실전에서 근육이 반사적으로 움직여지도록 훈련을 한다. 진정으로 부자가 되고 싶다면, 부자가 되는 상상과 훈련, 그리고 구체적인 계획이 필요하지 않을까?

둘째, 부자 관련 정보를 수집해야 한다. 부자에 대한 정보를 수집하고 경제의 기본원리를 학습하며 부자들의 성공담을 귀담아 둘 필요가 있다. 성공한 세상의 많은 스타들도 어린 시절부터 가슴속으로 흠모하고 벤치마킹하던 세계적인 원로 스타들이 있지 않았는가?

셋째, 꾸준한 실천이 필요하다. 계획만 있고 실천이 없는 것처럼, 완벽한 이론도 실천이 없다면 의미가 없다. 부자가 되기 위한 작업은 고도의 이론보다는 몸소 실천하는 행동철학이 요구되고 이런 행동으로 말미암아 쌓인 퇴적물들이 모여서 부자를 이룬다고 할 수 있다. '천 리 길도 한 걸음부터'란 우리의 속담처럼 말이다.

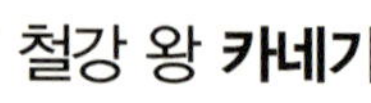

철강 왕 카네기

카네기(Andrew Carnegie)는 미국 이민 1세대이다. 13세 되던 해에 아버지를 따라 미국 피츠버그로 이민을 왔다. 그는 기회의 땅이라 여겨지는 미국에서 소위 이야기하는 '아메리칸 드림(American Dream)'을 이룬 입지전적인 인물이다.

대다수의 이민 1세대들이 그러하듯이, 이민 초기의 생활은 어린 카네기의 삶에도 그대로 투영되었다. 여유롭지 못한 집안 형편으로 친구들과 같이 학교를 다니는 것은 꿈꿀 수가 없었다. 그는 교육도 받지 못하고 전신기사와 기관사 조수로 사회에 첫발을 내디뎠다.

카네기는 비록 나이는 어렸지만, 여타의 전신기사와 기관사 조수들과 다른 모습을 보였다. 여타의 조수들과 다른 차이점은 바로 '가난'이란 단어가 주는 의미를 그는 한시도 잊지 않았다는 점이다. 생각의 차이가 행동을 유발하듯이 그의 행동은 다른 조수들과 차별화가 될 수밖에 없었다. 어려운 현실에도 불구하고 그의 마음엔 미래에 대한 꿈이 익어 가고 있었다.

핵심 재테크

그는 철도회사에 근무하면서도 근검절약하여 돈을 모아 나갔다. 마침내 그는 그동안 그가 절약해서 모은 돈을 가지고 30세 되던 해에 자신의 철강회사를 차려 독립을 했다. 그가 세운 철강회사는 외형적으로 보기엔 단순한 철강회사였겠지만, 오랫동안 그가 마음속으로 그려 왔던 미래의 꿈과 '가난탈피'란 열망의 덩어리가 응집된 결정체였는지도 모른다. 여기에 미래엔 철강 소비가 증대할 것이란 그의 정확한 예측은 그의 회사가 날로 발전할 수 있는 충분한 여건을 만들어 주었다.

마침내, 56세가 되던 1892년에 그는 그의 이름을 딴 '카네기 철강회사'를 설립하였다. 카네기 철강회사는 당시에 미국 철강생산의 1/4을 차지할 정도의 철강 트러스트였으니 그 규모를 가히 짐작하게 한다. 84세를 일기로 세상을 마감하기 전에 그는 자신이 소유했던 모든 재산을 사회에 환원함으로써 세상을 또다시 놀라게 했던 것으로도 유명하다.

석유 왕 **록펠러**

미국의 경제전문지인 포브스는 미국 역사상 최고의 부자로 록펠러 1세(John Davison Rockefeller)를 꼽은 적이 있다. 록펠러의 학력은 고졸이었지만 사무원으로 출발하여 19세기 '땅속의 검은 황금(Black Gold in the Ground)'이라고 불리는 석유를 통하여 부자가 된 인물이다.

그는 미래의 정유 산업이 발전할 것이란 밝은 전망을 알아채고 남보다 한발 빠르게 과감한 투자를 하여 막대한 부(富)를 일구었다. 훗날 세인들은 그의 사업적 배경이 되었던 석유와 연관 지어 그를 '석유 왕'이라고 칭하고 있다. 당시 록펠러가 소유했던 그 시대의 부는 환율과 물가의 변동으로 인하여 현재의 가치로 정확하게 가늠하기가 쉽지 않다. 하지만, 당시 그가 소유했던 자산은 미국의 전체 부(富) 중에서 1.5% 이상을 차지했다고 하니, 오늘날 세계적인 갑부로 알려진 빌 게이츠나 워런 버핏의 부와는 비교 자체가 안 될 정도로 보인다.

부를 축적하는 과정에서 록펠러가 취했던 윤리적이지 못했던 방법으로 인하여 그에 대한 후세의 평가가 엇갈리는 면도 있다. 하지만, 남보다 먼저 사업기회를 포착하고 위험을 감수하며 과감히 투자를 하여 이룬 그의 기업가 정신(entrepreneurship)은 부자가 되기를 원하는 분들께 많은 시사점을 던져 주고 있다.

TV를 통하여 여러분은 매년 연말경 성탄절의 분위기를 전하는 해외특파원의 모습을 기억하실 것이다. 세계적인 도시인 뉴욕, 도쿄, 파리, 베이징 등의 소식이 차례로 전해지는데, 바로 뉴욕의 분위기를 전하기 위하여 해외특파원이 서 있는 맨해튼의 배경이 되는 곳! 바로 그곳이 크리스마스트리가 환상적인 록펠러 센터(Rockefeller Center)[16]다. 록펠러가 고인이 된 지, 벌써 70여 년이 지났건만, 그의 이름은 아직도 이런 모습으로 우리에게 다가오고 있다.

---

16) 미국 맨해튼에 위치하며 1931년에 시작하여 8년간의 공사 끝에 1939년에 완공되었다. 높이 259m이며, 여름에는 야외카페로 겨울에는 스케이트장으로 이용된다.

Part 2

재테크 폴더

재테크의 핵 '투자'

재테크란 한자어에서 재물을 상징하는 재(財)와 영어에서 '기술'을 의미하는 테크놀로지(technology)가 결합한 합성어다. 굳이 풀어 쓴다면 '재산관리도 체계적인 기술이 요구된다.'라고 하면 무리가 없을 것 같다. 이러한 용어가 나오기까지에는 시대적인 배경과 사회적인 필요성이 있지 않았나 생각된다.

과거엔 은행에다 저금이나 적금을 하는 것이 바로 재테크였다. 재테크의 다른 한 축은 제도권 금융 밖에서 전통적인 방식대로 친분이 있는 사람들끼리 계(契)를 묶기도 했다. 하지만 세계경제가 고도 성장기에서 저성장 기조로 선회함에 따라, 예금금리도 하향안정화되다 보니 과거의 고금리 예금에 길들여져 있던 투자자들은 은행의 낮은 이자에 부족함을 느끼게 되었다. 이런 분위기에서 투자자들은 부족함을 채울 수 있는 다른 투자처를 찾아 나서게 되었고, 자신이 원하는 투자처를 발견하기 위해 금융에 대한 체계적인 지식의 필요성이 대두된 것이다.

비슷한 시기에 방카슈랑스[17]란 파도가 우리에게 다가왔다. 은행과 증권, 그리고 보험업 간에 그동안 쌓아 놓았던 높은 진입장벽이 무너졌다. 과거 서민 금융의 중심이 되었던 은행업 중심의 체계에서 벗어나서 증권업과 보험업의 공격적인 마케팅은 경쟁을 유발하면서 투자자들에게 또 다른 선택을 할 수 있는 공간을 열어 주었다. 바로 투자의 시대가 도래한 것이다. 이런 시대적인 배경이 바로 '재테크'란 용어를 탄생시켰다고 본다. 내용에서 이미 느끼셨듯이, 재테크의 핵심 요체는 결국 '투자'인 것이다.

---

17) 방카슈랑스는 은행과 증권, 보험의 영역을 없애는 것을 표현한 말로, 은행인 방카(bancca)와 보험인 인슈어런스(insurance)의 합성어다.

'투자의 시대'로 모드전환

'**저**축의 시대'를 넘어 이젠 투자의 중요성이 부각되고 있다. 투자의 중요성이 부각되고 있는 것은 우리 주변의 재테크 환경이 변화하였기 때문이다. 과거 90년대까지만 하더라도 저축예금 금리가 10%대를 오르내린 적이 있다. 인플레이션을 감안한 실질금리가 아무리 낮아도 2~3%가 되었기 때문이다. 따라서 그 당시에 최고의 재테크는 근검절약해서 꼬박꼬박 저금을 하거나 아니면 적금을 하는 것이었다.

그 당시 서민들의 목표는 '재산 1억 만들기'였다. 적금을 부어 통장에 1억 원이 생기면 한 달 이자만 해도 100만 원 정도가 나오기 때문에 노후생활에 대한 근심을 덜 수 있을 만큼 커다란 돈이었다.

하지만 자녀사교육비의 증가, 인간수명의 증대, 고용불안 등으로 인하여 소비로 인한 지출은 느는 데 반하여 저금리로 인한

서민들의 금융소득은 오히려 감소하는 현상이 발생하게 된 것
이다.

'재테크' 란 개념도 이러한 시대적인 배경을 두고 탄생했는
데, 이런 금융환경의 변화는 우리가 더 이상 '저축의 시대' 에 머
물지 못하고 '투자의 시대' 로 우리의 시선을 옮기도록 밀어내고
있다. 이와 같이 투자란 누가 강요해서 되는 것이 아니라, 투자
자 자신들이 본인이 소유한 부의 가치를 변질되지 않게 유지시
키려는 노력의 산물인 것이다. 투자자들의 이런 노력이 남아 있
는 한 투자자들은 언제든지 높은 수익성의 투자처를 찾아 떠나
는 '방랑자' 의 여행을 지속할 것이다.

성공투자의 조건

투자(投資)란 미래의 예견되는 수익을 위하여 자금을 던진다는 뜻이다. 현재의 소비를 억제하고 더 커다란 미래의 수익을 통한 미래소비를 증대시키는 노력의 일환이다. 투자자의 입장에서 투자가 성립되기 위해서는 먼저 만족되어야 하는 전제조건이 있다.

투자를 하고자 하는 투자자의 마음엔 기본적인 보상심리가 깔려 있다. 투자자는 자신이 투자한 금액에 대해 최소한의 기회비용이라고 여겨지는 은행금리 이상의 수익을 얻을 수 있어야만 투자가 실행된다. 투자자를 지배하는 이런 보상심리의 눈높이보다 낮은 기대치의 보상이 주어질 때 투자는 성사되지 못한다.

또 다른 하나는 위험에 대한 고려사항이다. 위험과 수익은 서로 연결되어 있다.[18] 높은 수익은 당연히 높은 위험을 요구하게

---

18) '수익과 위험'의 보상관계를 설명한 말이다. 위험이 크다면 높은 수익이 수반되어야 한다.

된다. 만약 지구상에 높은 수익을 주면서 위험이 적은 투자 상품이 존재한다면 누구나가 투자하려고 아우성을 칠 것이다. 하지만, 아쉽게도 세상엔 그런 투자 상품이 존재하기가 어렵다. 혹시라도 여러분 중에 그런 투자 상품을 만들어 낼 수만 있다면 짧은 시간에 세계의 부자로 등극할 수 있을 것이다.

이런 흐름에서 유추해 볼 때, 여러분에게도 간혹 높은 고수익을 미끼로 투자를 하라고 유혹하는 눈길이 다가올 수도 있다. 수익률이 높은 미끼일수록 더 은밀하게 다가오는 경우가 많다. 예를 들어 '당신한테만 하는 이야긴데……' 라든지, '아직은 아무도 모르는 사실인데……' 라는 수식어가 붙기도 한다. 만약 이러한 경우가 생긴다면 반드시 설명하는 투자대상에 대해 그 안에 내포된 위험을 꼭 살피라고 말씀드리고, 이 기회를 빌려서 다시 강조한다. 위험과 수익의 관점에서 접근하면, 성공적인 투

자란 '많으면 많을수록 좋다(多多益善)' 는 식의 수익률을 설정
하는 것보다는 본인의 투자성향에 알맞게 설정한 목표수익에
부합하는 투자를 하는 것이라고 믿어진다.

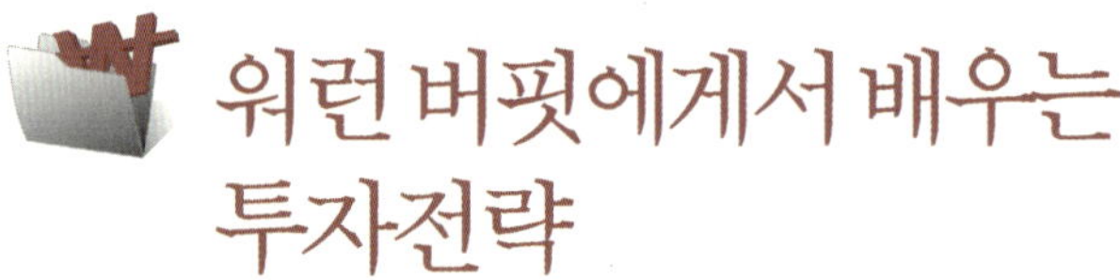

워런 버핏에게서 배우는 투자전략

'투자의 귀재', '세계의 최고 갑부', '오마하의 현인' 등과 같이 많은 별명을 가진 워런 버핏의 투자전략은 생각보다 단순하다. 그의 투자에서 가장 핵심적인 키워드를 두 가지만 꼽는다면 아마도 '가치투자'와 '인내심'을 들 수 있다. 워런 버핏은 자신의 스승이었던 그레이엄 교수의 영향을 받아서 '가치(value)투자'[19]를 행동으로 옮긴 투자자다.

가치투자란 자신이 잘 아는 분야의 산업이나 업종의 주식을 평가하여 기업의 가치에 비해 주식이 저평가되었다면 주식을 매입하고 기업의 가치에 비해 주가가 고평가되었다고 생각하면 주식을 매도하는 전략이다. 우리가 피할 수 없는 것 중의 하나가 경제의 호경기와 불경기이다. 영속적인 호경기나 영속적인

---

19) 서정명, 〈워런 버핏의 두 개의 지갑〉, 무한, 2009.

불경기는 존재할 수가 없다.

　기업의 가치는 시시각각 변하게 된다. 설령, 기업의 본질적인 가치는 변하지 않고 일정한 가치를 갖는다 하여도 피할 수 없는 경기변동으로 인하여 주가는 변동하게 마련이다. 즉, 경기의 침체기 때에는 주가가 하락하고 이와 반대의 경우에는 상승하는 양상을 보이는데, 이런 변동 속에서 기업의 가치에 비해 주가가 현저하게 낮은 주식을 매입하는 전략이 가치투자이다.

　워런 버핏은 오랜 숙고 끝에 일단 주식을 매입하게 되면 잦은 교체매매를 하지 않는다. 많은 개인투자자들이 잦은 매매를 하는 것과 다른 대목이다. 그는 매입한 기업의 주식을 아주 오랫동안 보유했다. 그가 장기간 보유한 주식으로는 맥도날드, 코카콜라, 질레트와 같은 회사들이 있다. 이런 주식들은 일단 매입을 하면 인내심을 갖고 10년 이상을 보유했다. 그는 인내심이

야말로 가치투자라는 것을 이해하고 있었기 때문이다. 이런 인내심은 결국 단기간에 발생할 수 있는 경기변동의 파고를 뛰어넘고, 거래비용을 줄여서, 높은 수익성이란 과실을 안겨 주었던 것이다.

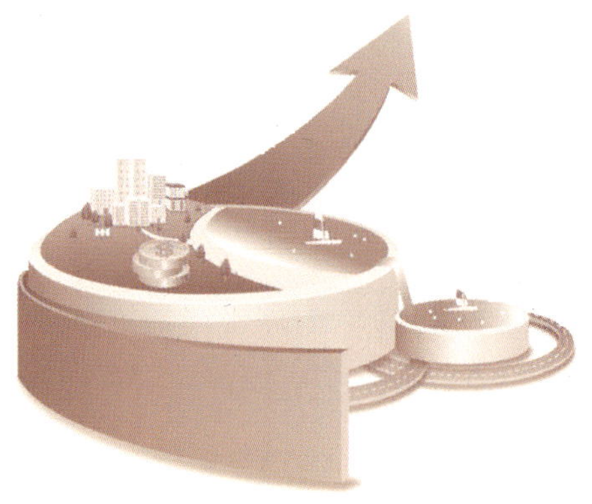

항상 이기는 투자

투자에서 항상 이기는 투자방법은 없을까? 만약 항상 이기는 투자를 할 수 있다면 그것이 바로 부자가 되는 지름길이다. 놀라시겠지만, 항상 이기는 투자를 할 수 있는 방법이 있다.

여러분은 'Part 1 부자 폴더'를 통해서 이미 답을 얻었을 수도 있다. 여기서는 여러분이 항상 이기는 투자를 하는 2가지 방법을 소개해 드리고자 한다.

첫째는 시간이 지나감에 따라 나에게 유리한 투자를 해야 한다. 어떤 투자를 하든지, 시간과 나, 그리고 투자의 상관관계를 살펴야 한다. 하나의 주식종목을 선정하든, 아파트를 구입하든 시간이 흐름에 따라 장기적인 관점에서 나에게 우호적인 투자인가를 살피라는 것이다. 투자의 변수를 고려해 보았을 때, 그 중에서 변하지 않는 진리는 "시간은 흐른다."라는 사실이다. 과거의 투자수익률을 놓고 보았을 때, 부동산투자가 이런 경우에 해당된다. 시간이 흐를수록 지가에 대한 수요가 증대할 수밖에 없는 확실한 명제 앞에서 미리 부동산에 투자했던 투자자들이 부자로 등극할 수밖에 없었던 것은 너무나 당연한 논리이다. 부동산투자가 시간이 흐름에 따라 우호적인 수익률을 안겨 주는 투자였기 때문이다. 이런 맥락에서 볼 때도 부자란 하나의 결과물이고 이런 결과물이 나오기 오래전에 이들은 이런 결과물을 얻기 위한 노력을 하였던 것이다. 즉, 인구의 증가로 인한 토지의 필요성이 대두할 것을 미리 예견했고, 이를 실천에 옮긴 행동이 있었다. 따라서 항상 이기는 투자를 원하신다면 불변의 진리인 시간의 흐름에 우호적인 투자대상을 찾아야 한다.

둘째는 확률이 높은 것에 투자하는 습관이다. 투자의 귀재인 워런 버핏이 가치투자를 내세워 자신이 알고 있는 회사에만 투자했던 것도 성공의 확률을 높이는 작업이었다. 보통의 투자자들은 생각보다 마음이 급한 경우가 많다. 급한 마음에 항상 확률이 낮은 상품에 투자를 한다. 대표적인 예가 '로또'나 '경마'에 베팅을 하는 것이다. 성공 확률이 낮기 때문에, 베팅의 횟수가 거듭될수록, 손실이 증가할 수밖에 없는 구조를 가진 게임이다. 따라서 이런 곳에 많이, 그리고 오래 머물수록 루저(loser)가 되는 것은 자명한 이치이다. 부자들이 왜 가능성이 낮은 1,000원보단 확실히 보장되는 1원을 챙기는지 한번 생각해 볼 필요가 있다.

예금 vs 주식 투자수익률 비교

미국에서 뮤추얼펀드를 소개하는 안내책자에 조그만 글씨로 하단 부분에 항상 새겨 놓은 문구가 기억이 난다.

번역하면 "과거의 수익률이 미래의 수익률을 담보하지는 않습니다."라는 글귀이다. 과거의 높은 수익률로 인하여 투자자와 발생될 수 있는 오해의 소지를 없애 발생 가능한 분쟁을 미리 방지하기 위한 조치라고 여겨진다.

예금과 주식에 투자한 과거의 수익률은 각각 어떻게 나타났을까? 미국의 이보스톤(Ibboston)은 미국의 자료를 대상으로 하여 예금과 주식의 투자수익률에 대해 조사를 하고 비교해 보았다. 30년 이상의 장기간의 자료를 이용하여 비교하여 본 결과 예금에 투자한 것보다 주식에 투자한 것이 2배 이상[20]의 높은

---

20) 예금이율이 5%, 그리고 주식투자 수익률이 12%선이었다.

수익을 안겨 주었다는 결과를 발표했다.

물론 조사기간을 어떻게 설정하는가에 따라 차이가 있는 결과를 도출할 수도 있겠지만, 장기간에 걸친 이보스톤의 연구 결과가 보여 준 내용은 주식투자가 예금보단 높은 수익률을 기록했다는 사실이다. 투자자들은 안정성만 추구하는 예금보다는 만약 투자할 수 있는 기간이 길어도 된다면 수익성 측면을 고려하여 주식투자를 하는 것이 높은 수익을 안겨 주는 투자의 대안이 될 수 있음을 보여 주었다.

같은 결과를 도출한 예를 하나 더 추가해 보고자 한다. 다른 연구는 우리나라의 자료를 활용하여 얻은 결과물이다. 6년간 (1994년~2000년 6월)의 자료를 활용하여 조사한 결과 주가지수의 수익률이 안전성이 높은 채권수익률보다 훨씬 높았다. 우리나라의 경우, 종합주가지수의 월간 수익률은 0.55%를 기록한 반면, 동일한 기간 동안 회사채의 월간 수익률이 0.16%에 이르러 종합주가지수가 약 3배 이상의 수익률을 기록하였다.

주식 vs 아파트 투자수익률 비교

우리나라에서 주식과 아파트에 각각 투자를 했을 때, 수익률 결과는 어떻게 나타났을까? 아파트 가격은 '서민들의 내 집 마련'이란 측면에서 가장들과 기혼부부에게 지속적으로 관심의 대상이 되어 왔던 터이기에 주식과 아파트의 투자수익률 비교는 우리에게 궁금증을 더 자아내게 한다.

우리나라 전국의 아파트 값은 과거 10년(2000~2009년) 동안 기간 수익률 110%를 보여 연평균 약 10%를 나타냈다. 아파트의 가격은 지역별로 차이가 있는 것으로 나타났는데, 서울의 경우는 전국의 아파트 값의 상승보다는 약 50% 정도 더 높아 연평균 15%[21] 정도를 나타냈다.

주식시장은 어떠했을까? 2000년 1월 940선에서 출발한 종합주가지수는 10년 동안 약 70% 미만의 상승폭을 기록했다. 따

---

21) 부동산 뱅크 조사결과 참조.

라서 우리나라의 경우, 지난 10년간 아파트 상승률이 주가의 상승률보다 높았던 것으로 나타났다.

그렇다면 개별적인 종목의 주가와 아파트 가격을 비교해 보면 어떨까? 물론 비교대상을 어떻게 잡는가에 따라 차이가 존재할 수 있다. 우선, 재건축아파트란 재료를 가지고 투자에 관심이 있던 분들의 관심을 끌었던 개포 주공1단지의 경우는 이 기간 동안 $3.3m^2$(과거의 '평')당 1,500만 원 선에서 6,500만 원 선으로 상승하여 무려 400%의 수익률을 나타냈다. 한편 삼성전자의 투자수익률을 보면, 2000년 주가가 27만 9,000원으로 시작하여 동 기간 동안 약 160%의 수익률을 보였다.

물론, 이런 과거 수익률이 앞으로도 같은 추세로 전개된다는 보장은 없지만 과거의 수익률은 우리에게 투자의 흐름을 읽게 해 주는 중요한 자료가 된다고 생각된다.

투자에 앞서 나를 살펴야

투자(investment)를 연상하면 우리는 머릿속에 고수익의 짜릿한 기쁨을 먼저 떠올리곤 한다. 일부에서는 투자의 범주를 벗어나서 투기(speculation)[22] 수준의 일확천금을 마음에 품을 수도 있다.

물론 투자와 투기의 경계가 확연하게 구분되는 것은 아니지만, 투자가들은 항상 높은 수익이 있을 것 같은 투자를 마음에 그리게 되는 것이 사실이다. 하지만 주지하고 계신 바와 같이 투자엔 수익성도 있지만 위험성도 있다. 수익과 위험은 서로 떼어 낼 수 없는 투자의 양면성이다. 위험을 경시한 고수익에 대한 인간의 유혹은 마침내 '고수익을 미끼로 한 금융 다단계' 등

---

22) 이론적인 관점에서 '투기'와 '투자'는 구분된다. 하지만 현실세계에서 투자와 투기의 구분은 참으로 어려운 문제로 다가오는 경우가 많다. 과거엔 부동산 관련 단어엔 '부동산 투기'란 용어가 '부동산 투자'보다 더 많이 사용된 적도 있었다. 하지만 최근 들어서 다시 제자리를 잡아 가는 느낌이다.

과 같은 피해 사례로 끝을 맺게 되는 경우를 종종 접하게 된다.

그렇다면 어떻게 하는 것이 적절한 투자일까? 개개인에 맞는 적절한 투자는 투자에 앞서 우선 각 개인이 위험에 대해 느끼는 태도를 살펴보는 것이 중요하다고 생각된다. 즉, 개인이 위험에 대해 '선호형'[23]인지, '회피형'인지, 아니면 '중립형'인지를 살핀 후 본인의 투자성향에 맞는 투자 상품을 선택하는 것이 적절한 투자라고 느껴진다.

만약, 어떤 투자자가 투자를 감행하고 나서 불안한 마음에 잠을 이루지 못하고 뒤척이는 밤을 보낸다면, 비록 투자 후에 높은 투자수익을 기대한다고 하더라도 그 투자자에겐 적절한 투자행위를 했다고 보기 어렵기 때문이다. 아마도 그런 투자는

[23) 선호형(Risk Taker)은 회피형(Risk Avoider)의 반대 개념으로, 리스크를 즐기면서 대신에 높은 수익을 목표로 하는 성향을 의미한다.

핵심 재테크

그 정도의 위험을 감수하고 즐길 수 있는 다른 투자자의 몫이

아닐까?

 분산투자는 투자의 기본

성공적인 투자를 하기 위해서 중요한 요소는 너무나도 많다. 왜냐하면 투자란 하기는 쉽지만 본인이 원하는 수익을 얻는 것은 쉽지 않기 때문이다. 또한 투자에 영향을 미치는 환경변수가 너무나도 많다. 따라서 성공적인 투자를 위해서 가장 중요한 요소는 '분산투자'[24]라고 생각을 한다. 이러한 차이는 기관투자자와 개인투자자의 투자 성향에서 많이 구분된다.

개인투자자들의 경우는 일단 여유자금이 생기면 조금은 성급하게 투자에 임하게 되는 경향이 있다. 바로 '투자시기'와 '투자종목'을 우선 선정하고자 한다.

이에 반하여 미국의 거대한 연기금 투자회사들은 투자를 하기에 앞서 다른 행동의 모습을 보인다. 이들 거대 투자회사가

---

24) 분산투자(分散投資)는 위험을 나누어 투자한다는 개념으로 포트폴리오투자(Portfolio Investment)라고도 부른다.

투자성과에 영향을 주는 요인을 분석한 연구에 따르면 '자산배분(91%)'에 모든 에너지를 소비한 것을 볼 수 있다. 대신에 '종목선정(4%)'이나 '투자시기(2%)'에 대한 요인은 상대적으로 매우 미미한 것으로 나타났다.

이런 연구가 우리에게 시사해 주는 것은 무엇인가? 바로 '종목선정'이나 '투자시기'와 같은 부분보다는 바로 자산배분 즉, 안전한 자산과 투자자산의 비중을 어떻게 할 것인가 하는 것이 중요함을 보여 주는 좋은 예라고 하겠다. 부연하면, 어떻게 투자자산의 비중을 위험적인 측면에서 칵테일할 것인가? 즉, 어떻게 분산투자를 할 것인가에 귀착되어 있다.

항상 여유자금으로

성공적인 투자를 위해 분산투자 다음으로 중요한 요소는 투자자금의 성격 부분이다. 투자를 하는 개인들에 따라 투자자금의 성격이 다를 수 있다. 또 투자자금을 마련하는 방법도 개인에 따라 여러 가지 방법이 있을 수 있다. 때론 여유자금으로, 때론 다음 학기에 낼 자녀의 학자금으로, 또는 6개월 후에 있을 자녀의 혼사자금으로 투자를 하는 경우도 있다. 심지어는 부족한 투자자금을 마련하기 위하여 대출까지 받는 공격적인 투자를 감행하는 투자자들도 있다.

경험을 통해서 볼 때, 투자는 항상 여유자금으로 해야 한다는 결론이다. 여유자금으로 한 투자자만이 예기치 못한 위험으로부터 보호받을 수 있다. 반대의 경우로, 투자를 여유자금에 의존하지 않고 사용처가 이미 정해져 단기간의 자금으로 투자한 경우엔 어려움에 처하는 경우가 많을 수 있다. 시간적인 제약을 가지고 투자를 감행하는 경우, 예상했던 방향과 다르게 움직인 시장상황으로 인하여 낭패를 보는 사례들이 우리 주변에 너무 많다. 심지어는 잘못된 투자를 만회하고픈 조급한 마음에 자신이 속한 조직의 공금까지 손을 대는 비윤리적인 행동의 소식을 접할 때도 있다. 모두가 여유자금으로 투자하지 않고 과욕을 부린 결과라 할 수 있다. 따라서 투자는 항상 여유자금으로 해야 한다는 것을 잊지 말아야 한다.

위험한 투자! 버블이야기

'버블(bubble)'은 비누거품을 의미한다. 바람이 들어 있는 비누거품은 시간이 지나면 언젠가는 꺼지게 되어 있다.

경제버블은 경제현상에서 '과열'이 빚어낸 결과이다. 시장의 참여자들이 비이성적인 높은 가격에도 불구하고 끊임없이 매수 주문을 하는 투기행위가 성행할 때, 우리는 이를 '버블'이라고 한다. 경제적으로 해석하면, 투자대상의 내재가치(Intrinsic Value)에 비해 거래되는 시장의 가치(Market Value)[25]가 비정상적으로 과대평가되어 있을 경우를 의미한다. 경제에서 버블현상이 일어나면 기업생산이 위축되어 국민경제 전체에 부정적인 영향을 미치게 된다.

버블의 역사는 17세기 네덜란드에서 벌어졌던 튤립 투자로

---

25) 주식시장에서 시장가치란 바로 주가에 의존하게 된다. 한 회사의 시장가치란 주가×발행주식수가 된다(Market Value＝Stock Price × Outstanding Share).

거슬러 올라간다. 튤립에 투자하면 많은 돈을 벌 수 있다는 소문이 퍼져 너도나도 튤립을 사려는 열풍이 도시를 뒤덮었다. 하지만, 하늘 높은 줄 모르고 치솟기만 하던 튤립 가격은 결국 거품이 꺼지면서 폭락하여 튤립에 투자했던 투자자들에게 쓴맛을 안겨 주었다.

버블의 다른 예는 필자가 미국에서 수학할 당시 벌어졌던 '블랙 먼데이(Black Monday)'[26]를 들 수 있다. 1987년 10월 19일 월요일, 뉴욕의 다우존스 공업평균지수(DJIA)가 하루에 508달러(전일 대비 22.6%)가 폭락했다. 버블이 꺼짐으로 인해 미국 부(富)의 1/4이 하루 사이에 허공으로 날아갔던 날이다. 짧은 시간에 안겨 준 커다란 고통과 당혹감으로 어찌할 바를 모르는 투

---

26) 앞이 캄캄하다는 의미로 'black'이란 용어를 사용했다고 여겨진다. 그 충격이 주는 심리적 여파를 짐작할 수 있는 대목인데, 블랙먼데이 이후 일부의 계층에선 'I am Survived'라는 글귀를 티셔츠의 앞가슴에 새겨서 입고 다닌 사람들도 있었던 기억이 있다.

자자들의 모습이 온종일 TV를 타고 방영되었다. 너무 큰 충격으로 인하여 일부의 투자자들이 증권사에 총을 난사하는 사건까지 벌어졌던 기억이 너무 새롭다.

핵심 재테크

나이에 따른 투자전략

세상의 모든 원리가 그러하듯이 투자도 당연히 주어진 환경에 따라 다른 투자전략이 요망된다. 환경이란 투자여건, 투자자의 상황 등 여러 가지 변수가 있겠지만 가장 먼저 고려해야 할 내용이 바로 투자자의 연령이다. 똑같은 투자여건이라 할지라도 투자자의 나이에 따라 투자기간이 다르기 때문에 재테크의 전략도 달라져야 한다는 사실이다. 왜냐하면 나이에 따라 투자할 수 있는 투자기간이 달라지고, 이에 따라 위험에 대처할 수 있는 다른 시간을 제공하기 때문이다.

그렇다면 20~30대의 젊은 세대와 40~50대의 중년층, 그리고 노년층에 따른 바람직한 투자전략은 무엇일까? 나이가 젊을수록, 즉 투자기간이 길수록 주식이나 펀드와 같은 공격적인 투자에 대한 비중을 높이는 전략이다. 반대로 나이가 많을수록 예금이나 적금과 같이 위험이 낮은 상품에 대한 비중을 높이는 전략이다.

연령별 투자자산의 비중을 결정하는 방법으로 '100-나이의 법칙'을 사용하게 된다. 이는 100에서 자신의 나이를 뺀 %만큼 공격적인 투자자산에 투자하는 방식이다. 만약 투자자가 20세라면 80%를 공격적인 투자 상품에 투자하고 나머지인 20%를 안전자산에 투자하는 법이다. 만약 투자자가 50세라면 50%는 투자 상품에 50%는 안전자산에 투자하라고 권하는 방식이다. 물론 이 방법이 모든 해결책이 되지는 못한다. 이런 원칙하에서 투자자 자신에 맞는 투자성향을 반영하여 투자전략을 수립하는 것이 필요하다.

핵심 재테크

재산 두 배로 늘리는 법칙

재산을 두 배로 늘리는 상상은 우리를 행복하게 만든다. 그렇다면 언제 나의 재산을 두 배로 만들 수 있을까? 이를 산정하는 방법이 있다. 바로 '72법칙'이라고 하는데, '72법칙'이란 투자한 자금을 두 배로 만들기 위해 소요되는 기간과 연간 수익률(%)과의 관계를 나타낸 계산 법칙이다.

'72법칙'을 살펴보면, 72÷연간수익률(단위: %)＝자산이 두 배로 늘기 위해 요구되는 시간(단위: 년)이다.

예를 들어 현재 6%로 금리가 확정된 금융상품이 있다고 가정할 때, 12년이 있어야 재산이 두 배가 된다는 결론이다[72÷6＝12(년)]. 만일, 금융상품에 부과되는 세금(현, 16.5%)을 무시한다고 할 때, 투자자가 6%의 확정금리 상품에 투자를 하면 12년 후에 투자자는 자신이 투자한 금액의 두 배를 얻을 수 있다.

이 공식에서 부자가 되는 중요한 두 가지 법칙이 숨어 있다.

하나는 수익률이 높은 상품에 투자해야 한다는 사실이다. 비록 0.1%와 같은 아주 작은 차이의 수익률이라도 투자기간을 길게 놓고 보면, 복리의 마술이 작용하여 부자란 골인지점에 일찍 도달할 수 있다. 그래서 부자들은 아주 적은 이자율이라도 무시하지 않고 매우 소중히 생각한다. 또 다른 하나는 바로 세금과 관련된 내용이다. 같은 수익률이라도 절세상품과 같이 세금이 적은 상품에 투자해야만 부자가 되는 목표에 빨리 도달할 수 있다.

투자 기상도

미래의 투자시장은 어떻게 진행이 될까? 투자에 관심이 있는 독자들은 누구나 다가오는 투자 기상도에 깊은 관심을 가지고 살피는 노력을 하게 된다. 특히 매년 연말이 다가오는 때가 되면 국내외의 경제연구소, 투자기관들은 앞을 다투어 속속 다가오는 새해의 투자기상도를 예측하고 이를 발표하느라 정신이 없다. 이미 알고 계신 바와 같이 예측이 항상 옳을 수는 없고 예측은 말 그대로 예측에 불과할 수도 있다. 설령, 예측의 성공확률이 100%에는 도달할 수 없는 태생적인 한계가 존재할지라도, 예측은 투자의 논리(logic)를 엮는 부가적인 학습을 제공받을 수 있다고 생각된다.

투자기상도를 살피는 여러 가지의 방법이 있지만, 그중에서도 비중을 두고 살펴야 할 부분이 바로 투자자들의 심리상태를 엿보는 것이 아닐까? 투자심리를 살피는 지표로 활용할 수 있는 것들의 바로미터가 거래량 부분이다. 시장의 전체 거래량은 시장 전체의 분위기를 전달하는 첫 번째의 메시지라고 생각이 되기 때문이다. 이런 측면에서 볼 때 2009년 동안 우리나라의 투자시장의 변화를 점검해 보고 미래의 투자기상도를 살피고자 한다.

2008년 말에 발생한 미국의 서브프라임모기지 사태로 글로벌 금융위기를 맞이했던 우리나라의 투자시장은 2009년 상반기 동안 빠른 회복세를 보였다. 하반기로 접어들면서 일부에서 제기되는 더블 딥(이중침체) 가능성에 대한 우려와 두바이에서 날아든 악재의 여진으로 일각에서는 시장에 대한 우려 섞인 전망이 나오기도 했다.

이런 상황을 종합해 볼 때, 다가오는 미래의 투자시장은 투자자들이 시장의 불확실성에 대해 몹시 경계하는 모습을 보일 수 있다고 예측이 된다. 이러한 예측을 뒷받침하는 객관적인 투자시장 동향을 정리해 보면, 아래와 같다.

먼저 주식거래량의 관점에서 볼 때, 코스피가 가파르게 오르던 2009년 상반기(4월 기준)에 7억 주가량 거래되던 거래량이 하반기(11월 말 기준)로 들어서면서 3억 주 밑으로 떨어지는 모습을 보였다.

부동산 시장의 관점에서는, 총부채 비율(DTI)의 적용으로 매수심리가 위축되며 거래가뭄이 심화됐다. 2009년 9월 대비 10월 서울시의 아파트 거래는 약 17%가량 감소했으며, 서울 강남구의 거래량도 약 50%가량으로 줄었다.

금의 거래량도 가격의 오름세에도 불구하고 거래량이 오히려 하락했다. 마지막으로 개인투자자들의 증시참여도도 2009년 4월의 약 67%에서 11월에는 50% 밑으로 하락하는 모습을 보였다.

워런 버핏

세계적인 투자자요, 동시에 세계적 갑부인 워런 버핏(Warren Edward Buffett)은 우리나라에서도 저서나 매스컴과 같은 여러 채널을 통하여 이미 잘 알려진 인물이다. 더욱이 금융 관련 지식에 관심이 높은 독자층에서는 '투자의 귀재'로 알려진 워런 버핏에 대해 너무 잘 알고 있으리라 추측이 되기 때문에 이곳에선 투자와 함께 살아온 워런 버핏의 삶과, 투자 부문과 사회환원 부문에 한정 지어 다시 살펴보고자 한다.

워런 버핏은 세계 최고의 갑부란 사실만으로도 그의 일거수일투족이 세인(世人)들의 주목을 받기에 충분하지만, 2006년 그는 자신이 소유한 자산의 85% 이상을 기부한다는 발표를 하여 세인들을 다시 놀라게 한 적이 있다. 11세부터 주식투자를 시작한 그는 26세가 되던 해에 고향인 네브래스카의 조그만 도시인 오마하에서 투자회사를 설립하고 6년 후인 32세에 이미 자신의 순자산이 100만 달러가 넘는 백만장자가 되었다. 그 후 그는 사업 수완을 발휘하여 방직회사, 투자회사, 백화점 및 보험회사를 차례로 인수하면서 사업영역을 넓혀 나갔고 동시에 부도 일궈 나갔다.

마침내 2007년 말에 620억 달러, 한화로 약 62조 원(이해를 돕기 위해 1달러＝1,000원으로 환산한 값임)으로 세계 최고의 갑부에 등극했다. 버핏의 투자비결은 가치(value)투자로 유명한데, 즉 자신이 이미 잘 알고 있는 회사에 한정하여 내재가치보다 주가가 저평가되었을 때만 투자하는 것으로 유명하다.

벤저민 그레이엄

벤저민 그레이엄(Benjamin Graham)은 워런 버핏의 스승으로 유명하다. 그는 자신이 설립한 투자회사를 통하여 투자에 대한 실무를 경험하였다. 훗날 그는 경험한 실무를 바탕으로 콜롬비아 대학에서 강의를 하면서 현대적 투자기법과 투자이론을 체계화한 인물이다. 그의 저서인 『현명한 투자자(Intelligent Investor)』는 '투자의 바이블'이라 불리며 최고의 투자지침서로 평가받고 있다.

그의 투자기법은 위험을 줄이면서 내재가치가 있는 회사의 주식에 투자를 하는 '가치투자(Value Investment)' 방법으로 기본적 분석에 기초하고 있는데, 이런 투자방법은 그의 제자인 워런 버핏에 의해 꽃을 피웠다고 할 수 있다.

벤저민 그레이엄은 그의 저서에서 주식 투자자들은 주가의 향방에 따라 기분이 좌지우지되는 Mr. Market이 되기 쉽다고 보았다. 즉, 주가가 오르면 도취감에 빠지고, 주가가 내리면 이내 기분이 망가지는 경향을 보이게 되는데, 현명한 투자자가 되기 위해서는 시시각각

움직이는 시장 상황에서 감정을 배제하고 길게 볼 줄 아는 지혜가
필요하다는 사실을 일깨워 주었다.

증권투자

 투자의 척도 '금리의 눈'

증권(securities)이란 주식(stock)과 채권(bond)을 포함하여 가치를 가진 문서를 의미한다. 증권투자, 즉 주식투자이든 채권투자이든 투자를 하려면 금리의 눈(잣대)으로 투자를 결정해야 한다는 공통점을 가지고 있다.

금리가 상승하면, 대출이자가 불어나고, 따라서 기업의 수익성은 하락하게 된다. 기업의 수익성 하락은 바로 주가에 반영되어 주가의 하락을 부채질한다.

채권의 경우에도 금리가 상승하게 되면, 기존의 금리에 고정되어 있던 채권의 가격은 하락하게 된다. 같은 원리로 금리상승기에는 부동산투자도 신중을 기하여 가능한 한 대출 비중을 빨리 줄이는 전략을 구사해야 한다.[27] 통념적으로 매달 지출되는

---

27) 부채에 의존하여 구입하는 것을 레버리지(시쳇말) 투자라고 한다. 아파트에서 아파트를 구입할 때 부족한 투자금을 은행의 대출금에 의존하는 경우가 많은데, 이를 투자의 관점에서 볼 때, 레버리지 투자의 일종으로 간주된다.

대출상환금과 이자를 합한 금액이 월수의 1/3을 넘지 않도록 하는 것이 안정적인 방법이다.

만일 금리가 하락을 하게 되면, 금리상승의 경우와 정반대로 생각하면 된다. 하락이 시작되면 부자들은 안전하게 수익률을 높이는 채권에 투자를 하게 된다. 기존의 높은 이자에 자신의 투자자금을 묶어(parking) 두려는 전략이다. 이와 같이 증권투자는 항상 금리의 눈으로 투자를 바라보아야 나무보다 숲을 보는 투자를 할 수 있다.

# 숲과 나무

얼마 전 출판업에 종사하시는 분과 자리를 함께한 적이 있다. 많은 대화를 하는 중에 출판업에 계신 분이 보는 경기의 척도를 배울 기회가 있었다. 다름이 아니고, "경기가 좋을 땐 재테크 관련 서적이, 경기가 좋지 않을 땐 인문서적이 독자들의 관심을 끄는 경향이 있다."라는 말을 전해 들었다. 이분은 책에 대한 독자들의 관심 분야를 통하여 경기를 판단하는 나름대로의 잣대를 마련하고 계셨던 것이다.

주식시장에서 투자자들은 투자에 앞서, 투자대상을 고르게 된다. 어떤 시각에서 투자대상의 기업을 분석할 것인가 하는 문제가 대두된다. 이에 대한 접근법은 크게 두 가지 측면에서 가능하다.

하나는 나무를 보기 전에 숲을 먼저 보는 방법이다.[28] 즉, 투

---

28) '숲과 나무'에서 '숲'이란 개별종목이 속한 업계를, '나무'는 개별종목을 의미한다.

자에 앞서 거시적인 경제 환경을 분석하는 방법이다. 이를 우리는 투자분석 방법으로 '기본분석'이라고 한다. 세계적인 경제상황, 국내경제여건, 환율, 금리, 유가 등을 종합적으로 분석하여 미래를 예측하는 방법이다.

다른 방법은 숲 속의 나무에 초점을 두는 방법이다. 이는 투자대상기업을 중점으로 분석하는 방법인데, 회사의 비전, CEO, 회사분위기, 과거의 주가변동, 주력상품 등에 대한 분석이 이루어진다. 나무를 보는 과정은 과거의 주가 움직임을 통하여 매매의 시기를 결정하는 방법에 많이 활용되는데, 이를 '기술적 분석'이라고 한다.

세상을 제대로 보려면, 숲과 나무 모두를 보아야 하듯이, 성공적인 투자를 하기 위해선 한 곳에 치우침이 없이 기본 분석과 기술적 분석 모두를 활용하여야 하지 않을까?

PER과 PBR

투자자들이 많이 활용하는 투자지표로 PER과 PBR이 있다.

PER(Price Earning Ratio)은 주식투자자들에게 시장 및 개별주가에 대한 중요한 정보를 제공해 준다. PER이란 주식의 시가를 최근의 주당수익으로 나눈 수치를 말한다. 때론 간단하게 P/E 비율이라고도 하는데, 일반적으로 높은 PER은 과열을, 낮은 PER은 저평가를 의미한다. 만약 미래에 높은 수익성이 예견되는 주식의 경우도 PER이 높게 나타날 수 있는데, 이는 과열에 의한 PER과 차별성을 갖는다.

PBR(Price Book Value Ratio: 주가순자산비율)은 주가를 주당 순자산가치로 나눈 값이다. PBR은 청산가치 개념으로, 회사가 부도가 났을 때 주주들이 돌려받을 수 있는 경우를 1로 보기 때문에 PBR이 1보다 적다면 주가가 청산가치 이하임을 의미한다. 투자자의 시각에서 높은 PBR과 낮은 PBR의 주식을 선호하는 2개의 그룹이 있다. 높은 PBR을 선호하는 투자자들은 미래투자수익률이 높을수록 기업의 주가는 현재가치보다 더 높아진다고 보기 때문이다. 이와는 반대로 낮은 PBR을 선호하는 투자자들은 시가가 장부가치 이하로 떨어지면 청산하거나 매각하여야 하기 때문에 PBR이 낮은 주식을 투자대상으로 보기 때문이다.

달걀은 나눠서 보관

달걀을 한 바구니에 담았다가 넘어져서 모두 깨는 상황을 한번 상상해 보자.

우리는 투자에 있어서 왜 '달걀을 한 바구니에 담지 말라'고 했는지를 이해할 수 있다. 바로 분산투자(Portfolio Investment)의 중요성을 강조한 표현이다. 분산투자의 중요성은 아무리 강조해도 부족함이 없다. 분산투자는 투자전략을 수립하는 데 있어서 제일 먼저 고려되는 사항이기도 하다.

시장이 불을 뿜듯이 연일 벌겋게 달아오를 때, 일부의 시장 참여자들은 분산투자 대신 역설적으로 집중투자의 중요성을 언급하기도 한다. 하지만 계속해서 치솟을 수만은 없는 주식시장에서 집중투자의 결과는 때론 참담함으로 이어지는 것을 목격하곤 했다. 무모한 투자는 개인의 불행은 물론이고 가정의 경제위기를 불러올 수도 있다. 어떤 경우엔, 주변의 이웃에까지 민

폐를 끼치는 경우로 발전할 수도 있다.

주가가 연일 상승커브를 그리는 상황에서 일부에서는 집중투자의 유효성을 강조하는 분들도 있다. 하지만 초보투자자에게 집중투자는 위험이 분산되지 못한 위험한 투자로 여겨진다.

재료보다 수급

경제학 교과서에 제일 먼저 나오는 원리가 바로 '희소성의 원리'에 바탕을 둔 '수요와 공급의 원리(Principle of Supply and Demand)'다.

주식시장도 '수요와 공급의 원리'가 지배한다. 주식시장에는 언제든지 화려하게 치장을 하고 나타나 유혹을 하는 많은 유형의 재료들이 있다. 때로는 정부정책이란 그럴싸한 탈을 쓰고, 때로는 경제위기의 틈을 비집고, 또는 사회현상의 변화에 기대어 자신을 사 달라고 화려한 자태를 뽐낸다. 그러나 이런 자태들로는 결국 시장의 수급을 앞서지 못한다.

수급은 모든 재료에 우선한다. 어쩌면 주식시장을 지배하는 근간이라고 할 수 있다. 아무리 화려한 자태를 뽐내 보아야 결국은 시장에서 이를 매입할 만큼 여건이 형성되어 있지 못하여 매수가 뒷받침되지 못하면 재료는 거품처럼 사라지게 되어 있다.

투자자들은 재료에 현혹되기보다는 항상 수급을 먼저 살펴야 한다. 이것이 성공적인 투자자로 시장에서 살아남을 수 있음을 마음에 새겨 둘 필요가 있다.

무릎과 어깨 사이

한 때 우리나라의 극장가에는 '무릎과 무릎 사이'라는 제목의 영화가 개봉되어 흥행한 적이 있다. 주식투자에도 사촌격인 '무릎과 어깨 사이'란 말이 회자되고 있다.

'무릎과 어깨 사이'란 투자자들은 얻을 수 있는 이익을 최대한 얻으려고 욕심을 부리지 말고 적정이익을 취하고 시장에서 빨리 빠져나오란 의미이다. 자신이 보유한 주식이 가격이 올라 이익이 수반될 때, 투자자들은 숫자상의 '이익을 좀 더 향유할 것인가?' 아니면 '현금화시켜 완전한 나의 이익으로 만들 것인가?' 하는 문제를 놓고 고심하게 된다.

이런 고민 속에 잠겨 있을 때, 보내 주는 조언이 '무릎과 어깨 사이'란 말이다. 가격이 어깨까지 올랐다고 생각이 들면, 미련을 뒤로하고 이득을 취하라는 뜻이다. 좀 더 참으면 과실을 더 딸 수도 있겠지만, 수반되는 위험을 고려하여 몸통(무릎과

핵심 재테크

어깨 사이)의 이익으로 만족하고 나머지 부분은 다른 투자자에게 양보하라는 의미이다. 만약 본인이 머리끝까지의 이익을 취하려 한다면, 자신의 주식을 사 줄 사람을 찾기가 쉽지 않기 때문이다.

주식을 매입할 때도 같은 논리가 적용된다. 최저라고 생각되는 발가락의 가격에서 주식을 매입하려고 기다리다가 매입 시기를 항상 놓칠 수 있다. 누구도 그때를 알기가 쉽지 않기 때문이다. 따라서 주가가 적절하게 상승한 것을 확인한 후에 무릎에서 매입하여도 어깨까지의 이익만을 얻겠다는 마음으로 임하면 조금은 여유 있게 투자를 즐길 수도 있을 것이다.

싼게 비지떡!

시중에 회자되는 언어로 '금(金) 참외'와 '은(銀) 참외'가 있다. 시간이 변한다고 해도 '금 참외'는 '금 참외'이고 '은 참외'는 역시 '은 참외'라는 뜻이다. 마치 주식시장에 통용되는 주식을 '우량주(Blue Chip)'와 우량주 뒤를 따르는 '옐로 칩(Yellow Chip)'으로 구분하는 것과 같은 맥락이다.

우량주란 용어는 어떻게 나왔을까? 우량주란 용어는 다른 주식과 차별성이 부각되는 주식을 의미한다. 여기서 차별성이란 여타의 기업과 비교하여 회사의 내재가치가 우량하고, 적정 이상의 규모를 갖추고 있어 기관투자자의 사랑을 받을 수 있는 기업의 주식들이다. 우량주들은 소형주들이 가지는 변동성, 즉 주식시장에서 매일매일 파도를 일으키며, 냄비처럼 쉽사리 달궈지고 쉽사리 식는 성향과는 달리 안정적인 면이 있다.

성급한 일부의 개인투자자들 중에는 변동성을 즐길 수 있는 소형주를 투자대상으로 하는 경우가 많다. 미국의 경우 1달러에도 미치지 못하는 주식[29]을 소유하여 출렁이는 변동성을 이용하여 하루에도 100%의 수익을 올리는 경우도 있다. 하지만, 변동성이 큰 만큼이나 이런 주식들은 구조적으로 조그만 충격에도 쉽사리 흔들릴 수밖에 없는 위험성이 있기에 투자자의 주의가 요망되는 것을 알아야 한다. 마치 싼 것이 비지떡인 것처럼…….

---

29) 미국에서는 1달러에도 미치지 못하는 주식을 'Penny Stock' 이라고 한다.

# 말 갈아타기

우리는 경마경주를 보면서 힘차게 선두에서 달리는 말에 주목을 하게 된다. 여러분들이 만약 2등과 3등을 하는 말 위의 기수라면 누구라도 1등을 하는 선두의 말로 갈아타고픈 욕망을 느끼게 될 것이다.

주식시장에서도 "뛰는 말로 갈아타라."라는 말이 전해 내려오고 있다. 이는 투자자의 입장에서는 변동성이 없이 움직이지 않는 주식($\beta < 1$)에 매달리기보다는 이미 상승을 시작한 주식을 발굴하여 추가적으로 움직이는 주가의 과실을 얻으라는 내용이다.

굳이 학술적인 표현을 빌리자면 이를 '필터법칙(Filter Rule)'이라고 한다. 연구결과에 따르면 이미 상승을 시작한 주식에 투자한 투자자들의 수익이 그렇지 못한 주식에 투자한 수익보다 월등하다는 결과가 이를 뒷받침한다.

시장의 움직임에 대해 탄력성을 가지지 못하는 무거운 주식(시장에서 통용되는 용어의 표현을 빌리면 '똥주')이나, 손실이 난 주식을 마음속으로 끙끙하면서 그 주식에 대한 미련을 버리지 못하여 손절매[30]를 하지 못하고 손실이 난 주식에 매달려 있는 경우, 차일피일 지속적으로 보유하기보다는 필터법칙을 적용하여 말을 갈아탈 수 있는 지혜를 발휘하기를 당부하는 내용이다.

---

30) 손절매(Loss Cut)란 장부상 손실을 발생시킨 주식을 끌어안고 가지 않고, 매도를 통하여 손실을 줄이는 방법이다. 이런 손절매의 전략 뒤에는 가능성이 높은 주식과 교체매매를 하여 손실을 만회하고 수익률을 제고하기 위한 방법이 있다.

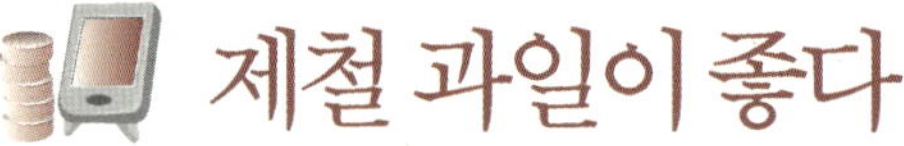 # 제철 과일이 좋다

매년, 과일이 풍성해지는 여름과 가을이 다가올 때마다 건강을 위해선 "제철 과일을 먹어라."라고 말씀하시던 할머니의 기억이 새롭다. 주식의 개념조차 갖지 못하셨던 할머니께서 주식시장에 대한 통찰력을 이미 가지고 계셨던 것일까?

주식시장에서도 "제철이 아닌 과일은 먹지 마라."라는 말이 있다. 이는 테마(theme)주와 관련된 내용으로, 투자를 할 때에는 대중 속에 함께 있으라는 뜻이다. 즉, 내가 좋아하는 주식이 아니고 타인들이 좋아할 주식(제철과일)을 가지고 있어야 마지막에 웃을 수 있다는 의미다.

테마주는 생명력이 길지 못한 경우가 많다. 마치 밀물처럼 밀려왔다가 일순간에 썰물처럼 나가는 경우가 있다. 테마주는 시장에 조그만 충격(shock)이 가해져도, 투자자들의 관심이 썰물처럼 빠져나가는 습성이 있다. 만약 테마주의 관심이 별안간 사라지게 되면 테마주에 투자한 투자자들은 바로 당황하게 되고, 이내 곤경에 처하게 된다. 따라서 투자자들은 누구나가 지속적인 관심을 기울이는 테마주(제철과일)를 선택해야만, 언젠가 나의 주식을 사 줄 수 있는 타인을 만날 수 있다는 내용이다. 매도전략은 당연히 '무릎에서 어깨까지(본서 증권투자 편 참조)'이다.

칼날 피하는 것도 전략

장수와 자객 중에 누가 더 위험한 인물일까? 필자는 장수 보단 자객이 더 위험한 인물이라고 생각한다. 아무리 용감한 장수라도 서로 마주 보면서 결투를 하는 것이 아니고 모르게 슬며시 다가와 칼을 사용하는 자객의 칼을 피하기란 쉽지 않기 때문이다. 그렇다면 장수가 할 수 있는 전략은 무엇일까? 언젠가 자객이 가까이 올 수도 있다는 정보를 미리 접한다면, 손자병법에 나오는 것과 같이 36계(戒) 전략[31]을 구사해야 하지 않을까?

주식투자에서도 같은 논리가 적용된다. 소나기는 피하라는 말도 있다. 소나기가 한창 쏟아질 때는 튼튼한 우산을 준비하여 맞서려고 하는 전략보단 건물 안으로 들어가 쏟아지는 비를 긋는

---

31) 총 36계로 완성된 병법 중 마지막 전략으로 전황이 불리한 경우가 되면 다음을 기약하고 '줄행랑'을 치르는 방법이다. 비록 '도망'이 [illegible] 하나 [illegible]의 [illegible]지만, [illegible]의 관점에서 승리할 수 있는 확률을 높이는 전략이라는 관점에서 이는 '항상 이기기는 투자 (본서의 재테크 폴더 참조)' 와 맥을 같이한다고 생각된다.

것이 더 안전하지 않을까? 마치 장수가 쓸 수 있는 현명한 전략도 36계(戒) 전략이듯이 …….

주식시장에서는 "3층 밑에 2층, 2층 밑에 1층, 이젠 완전히 끝이라고 생각했는데 알고 보니 1층 밑에는 지하층도 있더라." 라는 말이 회자 되었었다. 1997년 말, 1,000선을 넘나들던 종합주가지수가 떨어질 때 이젠 바닥이겠지 하는 위안이 무너지면서 300선까지 한없이 추락하던 주가를 보고 절망에 젖어 투자자들이 내뱉던 말이다. 주가가 곤두박질하고 롤러코스터처럼 요동을 칠 때, 투자자들은 당혹감을 갖게 되고 급한 마음에 오히려 더 성급해지기 쉽다. 이런 상황에선 소낙비를 잠시 긋는 심정으로 시장에서 한 발짝 물러서서 시장을 관망하는 것도 전략이 될 수 있다. 소낙비가 지나간 뒤의 주가향방을 가늠하면서 앞으로의 투자전략을 마음에 그려 보는 것도 투자전략이다.

우산 준비하기

미래의 주가를 정확히 예측할 수만 있다면 얼마나 좋을까? 많은 분들이 미래의 주가를 알고 싶어 하지만 미래의 정확한 주가를 알 수 있는 사람은 아무도 없다. 미국에서 강아지와 사람의 주식투자 결과를 비교한 실험을 했다. 강아지 앞에 몇 개의 밥그릇을 준비해 놓고, 밥그릇마다 회사의 이름을 적어 놓은 뒤, 아침마다 강아지가 나와 밥을 먹을 때 밥을 먹은 그 밥그릇에 적은 회사의 주식을 그날 매입하는 방법으로 강아지의 투자수익률을 산정한 것이다. 이 결과를 사람의 투자수익률과 비교하였는데, 결과는 강아지가 이겼다.

인간은 누구나 미래 예측에 호기심을 갖지만 미래의 주식가격을 예측한다는 것은 참으로 어려운 일임에 틀림없다. 코스피 주가가 꼭지를 찍던 2007년 말에 우리나라의 많은 애널리스트들이 2008년의 실적을 매우 좋게 평가했던 적이 있다. 2008년 말 금융위기 직후 2009년의 실적을 매우 부정적으로 예상했던 애널리스트가 많았던 것도 기억하실 것이다. 결과는 어떠했나? 이들의 예상과 반대의 결과였다. 바로 주가예측이 어렵다는 것을 증명하는 사례가 된다.

그렇다면 우리는 어떻게 주식시장에 대응해야 할까? 바로 균형감각을 평소 유지하는 일이다. 비가 올 것을 믿고 언제든 우산을 준비해 두는 전략이 필요하다. 마치 연을 날릴 때 연줄을 모두 풀지 않듯이, 비가 언제 나타날지는 모르지만 투자금액 중에서 현금비중을 일정하게 유지하여 대처할 수 있도록 포트폴리오를 구성하는 것이다.

쉬는 것도 투자

골프를 치다 보면 뜻한 대로 잘되는 날도 있고 그렇지 않은 날도 있게 마련이다. 특히 잘되지 않는 날에는 맞혀야 할 것은 공인데, 공 대신 공이 위치한 뒤땅을 맞히는 경우를 종종 경험하게 된다. 공과 클럽과 자연과 나와의 교감 사이에 간극이 존재한다는 뜻이다.

주식투자를 하는 동안에도 이와 유사한 일이 벌어질 수 있다. 나름대로 자신의 육감을 모두 발휘하여 투자에 임하지만, 어떤 때는 시장의 움직임에 자신이 항상 한발짝 늦거나, 또는 한발짝씩 너무 빠르게 움직여 손해를 보는 느낌을 경험해 보신 분들도 있을 것이다. 투자에서도 시장과 나의 교감 사이에 간극이 존재한다고 볼 수 있다.

주식투자게임에서도 승리자가 되려면, 시장의 투자 사이클과 나의 사이클이 일치되어야 한다. 주식투자에서 일단 한 사이

핵심 재테크

클의 간극이 벌어지는 느낌이 들면, 자신의 투자 철학이 흔들리게 되고, 이는 믿어야 할 자신에 대한 확신이 줄어들게 되어 투자를 하는 데 상당한 애를 먹게 된다. 이때는 쉬는 것이 좋다. 바로 쉬는 것도 투자인 셈이다. 따라서 이런 상황에 직면하게 되면 일단 투자를 멈추고 시장을 관망하는 것도 도움이 된다. 쉼을 통하여 자신과 시장의 교감을 일치시켜 자신의 투자 철학을 지켜 나갈 수 있도록 하는 것이 필요하다.

존 템플턴

존 템플턴(John Marks Templeton)은 미국 태생이다. 예일대학교 경제학과를 수석으로 졸업한 그는 월가에서 활동을 했는데, 남들보다 먼저 글로벌시장에 눈을 뜬 '글로벌 투자가'이다. 템플턴의 투자전략은 벤저민 그레이엄이 주창하고 워런 버핏이 꽃을 피웠다고 인정되는 가치투자(Value Investment)와는 구별되게 '바겐 헌팅(Bargain Hunting)'의 투자전략이다.

템플턴의 '바겐 헌팅' 투자전략이란 말 그대로 헐값에 싼 주식들을 사들이는 전략인데, 쉽게 표현해서 '정상가가 아닌 떨이할 때처럼 헐값에 인수하는 전략'이다. 그는 "주식을 사야 할 때는 비관론이 시장을 지배하고 있을 때이다."라고 표현했을 정도로 시장은 앞으로도 변함없이 출렁일 것이고 이런 출렁임을 바겐 헌팅의 기회로 활용한 것이다.

유년시절 농지경매시장에서의 경험이 그의 투자일생을 지배했다. 경매시장에서 매수자가 없게 되면, 농지가 헐값에 거래되는 경험을 하고 이를 주식투자에 적용한 것이다. 이런 연유로 그는 투자에 앞서 상상을 초월할 정도의 낮은 PER과 PBR(용어는 본서 증권투자 편 참조) 회사를 찾아내는 데 노력을 기울여 많은 투자수익을 투자자들 에게 돌려줄 수 있었다.

템플턴이 남과 구별되는 다른 점을 찾는다면, 그는 자신이 설립한 템플턴 프랭클린투자회사를 통하여 보통의 투자자들이 미국이란 영 토 안의 투자에 머물러 있는 동안, 남보다 먼저 글로벌 마인드를 가 지고 시각을 미국을 넘어 세계시장을 상대로 바겐 헌팅을 즐겼다는 점이다.

 앙드레 코스톨라니

 유럽을 대표하는 투자자로 인식되는 앙드레 코스톨라니(Andre Kostollany)는 헝가리 태생이다. 바로 '코스톨라니의 달걀 모형'을 주창한 인물이다.

그는 달걀 모형을 이용하여 금리가 변화함에 따라 투자자산을 어떻게 움직여야 과실을 얻을 수 있는가를 간략하게 설명하였다. 그의 이론은 유럽의 증권가에서 '위대한 유산'으로 여겨지고 있으며, 그의 저서는 국내에서도 번역되어 시판되고 있다.

주가란 돈과 심리의 합작품(주가=돈+심리)이라고 그는 이해했다. 즉, 주식의 가격은 수요와 공급이란 간단한 경제 원리의 지배를 받는데, 수요와 공급은 주식시장을 형성하는 시장참여자들의 심리에 의해 결정된다고 보았다.

따라서 그는 시장 참여자들의 심리상태를 파악하는 데 많은 연구를 하였으며, 시장을 둘러싼 많은 정보들 속에서도 흔들리지 않게 자신만의 원칙을 견지하면서 타인의 심리를 읽을 수 있는 능력을 중요하게 다루었던 투자자다.

주식시장에서 승자가 되기 위해 갖춰야 할 4가지 요건으로 그는 돈, 생각, 인내심, 그리고 행운을 꼽았다. 돈은 투자금의 성격으로 첫 번째의 구성요소로서의 중요성을 가지고, 생각은 바로 심리의 중요성을 표현한 내용으로 여겨진다.

펀드투자

펀드투자의 혜택

2007년에서 2009년 사이에 투자자들에게 온탕과 냉탕을 동시에 들락거리게 한 장본인은 누구였을까? 대다수의 투자자들은 펀드투자라 말할 것이다. 2007년과 2008년 상반기는 펀드의 뜨거운 열풍 속에 너도나도 펀드가입과 펀드의 높은 수익률에 관한 내용이 주류였다. 2008년 말에서 2009년 동안에는 불행하게도 원금이 반으로 줄어든 펀드에 대한 울분과 펀드해약에 관련된 내용으로 이래저래 신문지상에서 펀드란 용어가 많이 등장했다.

펀드(fund)는 말 그대로 직접투자가 쉽지 않은 투자자들을 대신하여 전문가인 펀드매니저가 투자자를 모집하고 투자금액을 관리하여 여기서 발생한 수익에서 비용을 제외한 부분을 투자자에게 돌려주는 간접투자 방식이다. 그렇다면, 펀드가 주는 혜택이 무엇이기에 투자자들은 펀드를 선호하게 될까?

먼저, 펀드는 자신이 직접 하는 직접투자가 아니고 펀드매니저가 투자자를 대신하여 투자를 해 주는 간접투자이다. 투자자들은 간접투자를 선택하여 펀드매니저의 전문지식에 의존할 수 있다는 장점이 있다. 또한 자신이 직접투자를 하려면 시장에 대한 분석을 하기 위해서 많은 시간과 노력을 투자해야만 한다. 하지만 자신을 대신하는 펀드매니저가 있기에 요구되는 시간과 노력에서 자유로울 수가 있다.

또 다른 혜택은 분산투자가 가능하다는 것이다. 주식시장에서 적은 금액으로 직접투자를 하게 되면 여러 종목의 주식을 매입하기가 사실상 어렵다. 이렇게 되면, 적은 종목에 투자함으로써 위험을 분산시키는 것 자체가 쉽지 않게 된다. 하지만 여러 종목에 고루 투자된 펀드에 투자를 하면 자연스레 분산투자의 혜택을 받을 수 있다.

# 펀드는 백화점

펀드는 간접투자의 백화점이라고 생각이 들 정도로 매우 다양한 분야에 투자되는 간접상품이다. 펀드의 종류는 나열하기엔 버거울 정도로 너무 다양하다는 표현이 맞을 것이다.

펀드의 종류는 투자자들이 투자를 생각할 만한 것이라면 언제든 만들어 낸다고 보면 될 것 같다. 우선 몇 가지로 나누어 펀드의 종류를 엿볼 수 있는데, 위험의 관점에서는 주식과 채권의 투자비율에 따라 위험도를 세분화한 펀드들이 있다. 예를 들면 안정성 펀드, 성장성 펀드, 고위험 펀드 등이 이에 속한다.

펀드가 투자되는 대상에 따라서도 매우 다양하게 나뉜다.

가장 먼저 시작된 것이, 컨트리펀드(Country Fund)다. 1980년대 신흥부흥국(Four Tigers)으로 부상한 한국, 대만, 홍콩, 싱가포르 펀드가 미국에서 출시되었고 태국, 인도네시아, 중국 등의 국가펀드가 뒤를 이어 출시되었던 적이 있다. 성장성이 높은 나라들의 펀드가 줄을 이어 출시되었다.[32]

다음으로는 투자되는 산업에 따라 다양하게 나눌 수 있다. 우리는 이를 '섹터펀드'라고도 하는데, 예를 들면, 전자산업펀드, 자동차산업펀드 등으로 분류되는 펀드들이다.

다음으로는 테마펀드가 있다. 테마펀드는 시대의 조류에 따라 만들어지는 펀드다. 예를 들면 벤처펀드, 물펀드, 선박펀드, 금펀드, 그린펀드 등과 같이 시대의 테마를 주제로 하여 만들어지는 펀드들이다.

이외에도 펀드 자체를 모체로 하여 만든 펀드오브펀드(Funds of Funds)는 펀드를 칵테일한 형태이고, 리버스펀드(Reverse

---

32) 예를 들면, Korea Fund, Mexico Fund, Taiwan Fund, Thai Fund, India Fund 등이 있다. 한국은 Korea Fund(심볼 KF)를 시작으로 하여 인기가 증대되자 Korea Investment Fund(심볼 KIF), 그리고 Korea Equity Fund(심볼 KEF)와 같은 아류들이 뒤를 이었다.

Fund)는 주식시장의 하락 움직임에 초점을 두어 만들어진 펀드

다. 여러분이 상상할 수 있는 모든 투자영역 그곳에서 펀드는

준비를 마치고 투자자인 여러분들을 항상 기다리고 있으리라

생각된다.

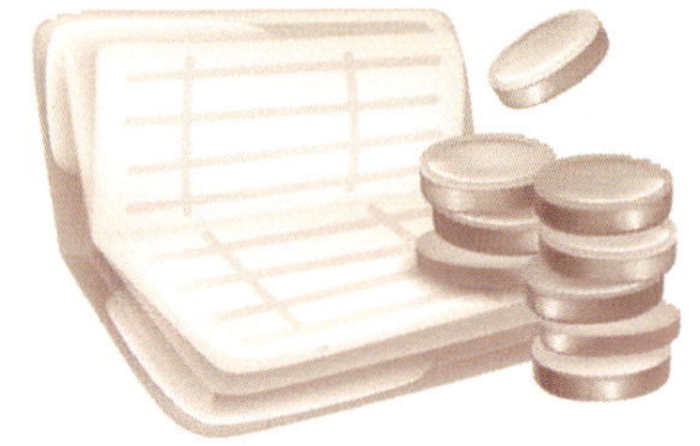

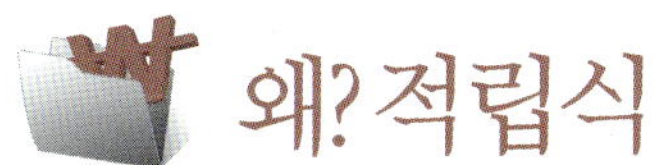

왜? 적립식

주식시장의 활황에 힘입어 2007년과 2008년은 우리나라 펀드 투자의 급격한 신장세를 불러왔다. 우리나라 역사상 GDP 대비 30%라는 기록적이었던 펀드시장에 2008년 말에 급작스레 풍랑이 몰려왔다. 다름이 아니라 '글로벌 금융위기'로 인하여 펀드에 투자를 했던 많은 투자자들이 2008년 말과 2009년 초에 투자원금에 대한 손실로 인하여 탄식과 함께 가입한 펀드를 어찌할까 하는 고민에 빠진 것이다. 일부는 심각하게 '해약'을 검토하고 실행에까지 옮기신 분들도 있었고 일부는 반대로 생각하신 분들도 있었다. 해약을 미룬 사람들은 자신이 투자하고 있는 적립식 펀드투자를 주식시장의 요동 속에서도 초지일관 흔들림 없이 유지하고 지속적으로 투자한 투자자이다.

시간이 흐른 지금, 과연 누구의 생각이 올발랐을까? 바로 적립식 펀드를 해약하지 않고 계속 유지하신 분들의 승리였다. 이런 승리의 이면엔 적립식 펀드의 비밀이 숨어 있기에 가능했다. 바로 코스트 애버리징(Cost Averaging)[33] 때문이다. 일정한 시점에 투자를 확정하는 방식과 달리 적립식투자는 매달 일정한 금액을 지속적으로 투자함으로써 투자수익률을 극대화할 수 있기 때문이다. 즉, 주식시장 상황에 순응하면서 지속적인 투자를 통하여 비록 주가가 하락하더라도 이 경우엔 오히려 더 많은 주식수를 확보할 수 있는 장점이 있는데, 이는 훗날 주식 시장이 회복되면 증가된 주식의 수(volume)만큼 추가적인 가치상승을 기대할 수 있기 때문이다.

---

33) 원래 미국에서 '달러코스트 애버리징(Dollar Cost Averaging)' 에서 유래했다.

펀드투자 준비

펀드투자에 앞서 투자자들은 펀드거래로 인하여 발생되는 거래비용에 대해 살펴볼 필요가 있다. 펀드의 거래비용은 '판매 수수료' 와 '보수' 로 구분된다. '판매 수수료' 라 함은 펀드를 거래함에 있어서 펀드를 살 때(매입) 부과하는 일회성 성격의 비용이다. 이에 반하여 '보수' 는 일회성의 성격이 아니고 펀드를 유지하고 운영하는 데 드는 비용의 성격으로 그 펀드를 유지하는 투자자에게 매년 부과하게 되는 지속적 성격의 비용이다.

따라서 펀드투자를 계획하고 있는 투자자들은 수익성 증대를 위해서 그 펀드의 과거 운용실적이나 펀드매니저의 실력을 살펴보는 것도 중요하지만, 판매사별로 부과되는 '판매 수수료' 와 '보수' 체계를 미리 비교해 봄으로써 예상되는 거래비용을 가늠해 보는 작업도 매우 중요하다. 펀드의 과거실적을 살피는 것이 예상되는 미래의 수익률을 미리 점검해 보는 작업이라면, 예상되는 거래비용을 미리 가늠하는 작업은 펀드투자에 대한 실질적인 수익률(수익-비용)을 높이는 데 도움이 된다.

추가적으로, 증권회사들이 심해지는 경쟁으로 인하여 과거와 달리 '펀드수수료'와 '보수'를 인하하는 방향으로 변하고 있다는 사실은 투자자의 입장에서 매우 다행스러운 일이다.

펀드투자의 저변

종합주가지수 상승에 힘입어 2007년에서 2008년 상반기까지 우리나라 펀드시장은 투자자나 펀드회사들 모두 호황을 누린 행복한 시기였다. IMF외환위기 위기를 극복하는 과정에서 국내의 H증권사에서 시작된 'Buy Korea'의 열풍에 비교될 정도의 호황에 힘입어 펀드투자의 저변을 확대할 수 있었고, 노후설계 준비라는 사회적인 화두에 힘입어 사회의 전 계층에 걸쳐 펀드 붐이 조성되었다는 생각이 든다.

그렇다면 우리나라 펀드투자자들의 저변은 어느 정도일까? 최근에 발표된 '한국투자자 보호재단 투자자보호센터'의 설문 결과에 따르면, 우리나라 성인의 절반이 넘는 55% 정도가 펀드에 가입하였다고 응답한 것으로 조사되었다. 조사대상의 연령층이 20대에서 60대에 분포되었는데, 20대에서 70대를 대상으로 한 일본의 경우, 펀드투자를 한다고 응답한 비율이 11%에 달해 우리나라 펀드투자의 저변이 일본보다 더 확대되어 있다고 분석된다.

연령층으로 비교해 볼 때, 주로 투자하는 연령층이 일본(50세~60세)보다는 우리나라(35세~44세)가 낮은 연령층을 보여 펀드투자를 일찍 시작하는 모습을 보이고 있다. 이는 사회적으로 활동이 왕성한 연령대에서 미래를 위한 준비로 재테크를 미리 실천하고 있다는 생각이 든다.

취미와 함께하는 펀드

취미와 함께하는 펀드투자로 예술품에 대해 투자하는 펀드와 와인에 대해 투자하는 펀드를 살펴보고자 한다. 펀드 이름으로 미루어 짐작할 수 있듯이, 이런 유형의 펀드는 투자자들도 당연히 예술품과 와인에 대해 어느 정도 조예가 있는 분들이 투자하는 경우가 많다. 주로 미술품 애호가들이 투자를 하지만 이들은 애호가인 동시에 투자자가 된다. 속성상 예술품 투자펀드는 예술품에 대해 설명할 수 있는 기회가 주어지기도 하기에 때론 부자들의 '사교의 장' 으로 변모되는 경우도 있다. 펀드투자를 통하여 이익도 내고 사람도 사귀면서 예술품에 대한 견문도 넓힐 수 있다는 장점이 있다. 참고로 과거 10년 동안 유화의 값은 연평균 15% 이상의 상승률을 보였다. 그림시장의 호황기였던 2007년의 경우엔 60% 이상의 상승률을 기록하였다.

예술품 펀드가 예술품에 대한 설명의 기회가 주어지는 것처럼 와인 펀드도 투자자에게 미리 와인시음회를 겸하기도 한다. 이런 자리를 통하여 투자자들은 서로 인사도 나누고, 의견을 교환하면서, 같은 취미를 가진 사람들끼리 투자의 수익성만을 추구하지 않고 취미까지 살릴 수 있는 투자라고 할 수 있다.

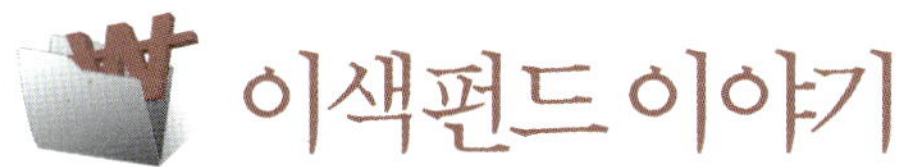
이색펀드 이야기

정치인들의 인기도를 주식시장처럼 가상으로 운영하여 매일매일 정치인들의 의정활동과 언행을 평가하여 정치인들에게 경종을 울린 온라인 시장이 개설되었던 적이 있는 것으로 기억이 된다.

많은 수익을 얻으려는 투자자와 높은 수익을 투자자에게 돌려주기 위한 투자회사들의 묘안으로 세상에는 새롭고 기발한 펀드들이 출시되고 있지만, 그중에서도 정말로 특이하다고 생각되는 이색펀드들을 살펴보고자 한다.

미국의 US뉴스 앤드 월드 리포트(US News & World Report)가 선정한 이색의 뮤추얼 펀드에는 우리나라에서 정치인들을 평가한 것과 유사한 사례의 '의회영향력 펀드'가 있다.

이 펀드는 "정치인들의 나쁜 영향이 투자자금을 망친다."라는 믿음으로 의회가 열리는 회기 중에는 투자를 하지 않고 채권에만 투자하는 특징을 가진다.

또 다른 이색펀드 중 하나는 '부도덕 펀드'이다. 인간의 건강에 해를 주는 회사들이 투자의 대상이 된다. 세계적인 담배회사인 필립모리스와 칼스버거 같은 맥주회사들이 이 펀드가 투자하는 회사들이다.

조지 소로스

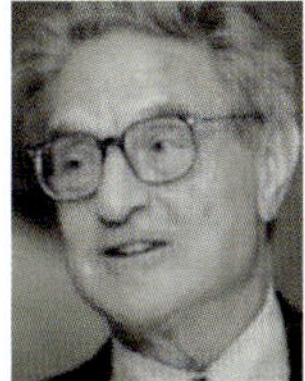

조지 소로스(George Soros)는 우리에게도 이름이 많이 알려진 인물이다. 20세기 최고의 펀드매니저로 꼽히는 그는 헝가리 태생으로 유태계다. 변호사인 아버지 밑에서 유복하게 성장했던 소로스는 불행히도 나치가 헝가리를 침공하면서 17세 때 영국으로 이주하고, 다시 26세 때에는 미국으로 이민을 가서 월가에서 새롭게 일을 시작하게 된다.

월가에서 펀드매니저로 일하던 그는 서서히 두각을 나타내기 시작하면서 마침내 최고 소득을 올리는 경지에까지 오르게 된다. 그가 설립한 투자회사인 '퀀텀펀드'는 20년간 무려 연평균 35%라는 경이적인 수익률을 기록하면서 누구도 쉽사리 따라올 수 없는 기록 속에, 투자자에게 많은 수익을 나누어 주었다.

소로스의 투자 중에서 백미를 꼽는다면 영국의 파운드화(貨)를 공격하여 영국의 중앙은행으로부터 백기를 받아 냈던 환율전쟁이라고 할 수 있다. 일주일 동안 진행된 이 전쟁에서 그는 10억 달러(단순

화시켜 1달러=1,000원으로 계산하면, 약 1조 원)를 벌어 전 세계에
그의 존재를 알렸다.

소로스는 2000년, 미국의 경제전문지인 포브스가 발표한 미국의
400대 부자 순위에서 44위에 오르기도 했다.

 피터 린치

피터 린치(Peter Lynch)는 월스트리트 역사상 가장 성공한 펀드매니저로 꼽히는 인물이다. 국내에서도 번역된 책을 통하여 그의 투자 철학이 여러 차례 소개된 적이 있다. '월가의 영웅'이란 칭송을 받는 그는 피델리티투자회사(Fidelity Investment)의 마젤란펀드를 13년간 연평균 29.2%의 기록적인 투자수익률을 유지하면서 세계 최대의 뮤추얼 펀드로 키워 냈다.

보통의 펀드매니저들과 그가 달랐던 점은 발로 뛰면서 얻는 정보가 진짜 정보란 소신대로 기업방문에 많은 시간을 할애한 것이다. 방문을 통하여 기업의 투자정보를 수집하고 기업CEO들과의 만남을 통하여 기업을 분석했다. 이런 노력의 결과가 13년 동안 투자원금 대비 27배의 경이로운 투자수익률을 달성하여 투자자에게 과실을 나눠 줄 수 있었다.

미국 전역에 걸쳐, 그의 명성이 자자해지자, 그의 펀드에 투자를 하려는 투자금이 주체할 수 없을 정도로 밀려와 투자한 주주만 100만

명을 넘었고, 투자금액이 커지다 보니 투자종목 수도 점차 불어났
다. 마침내, 투자자금이 워낙 커지다 보니 그 많은 돈으로 시장에서
우량주에만 투자하는 것 자체가 불가능할 정도까지 이르렀다.

그는 47세에 '가족과 함께 시간을……'이란 은퇴의 변을 남기고 은
퇴하여 앞으로도 쉽게 깨지기 어려운 수익률을 달성한 '월가의 영
웅'으로 남게 되었다.

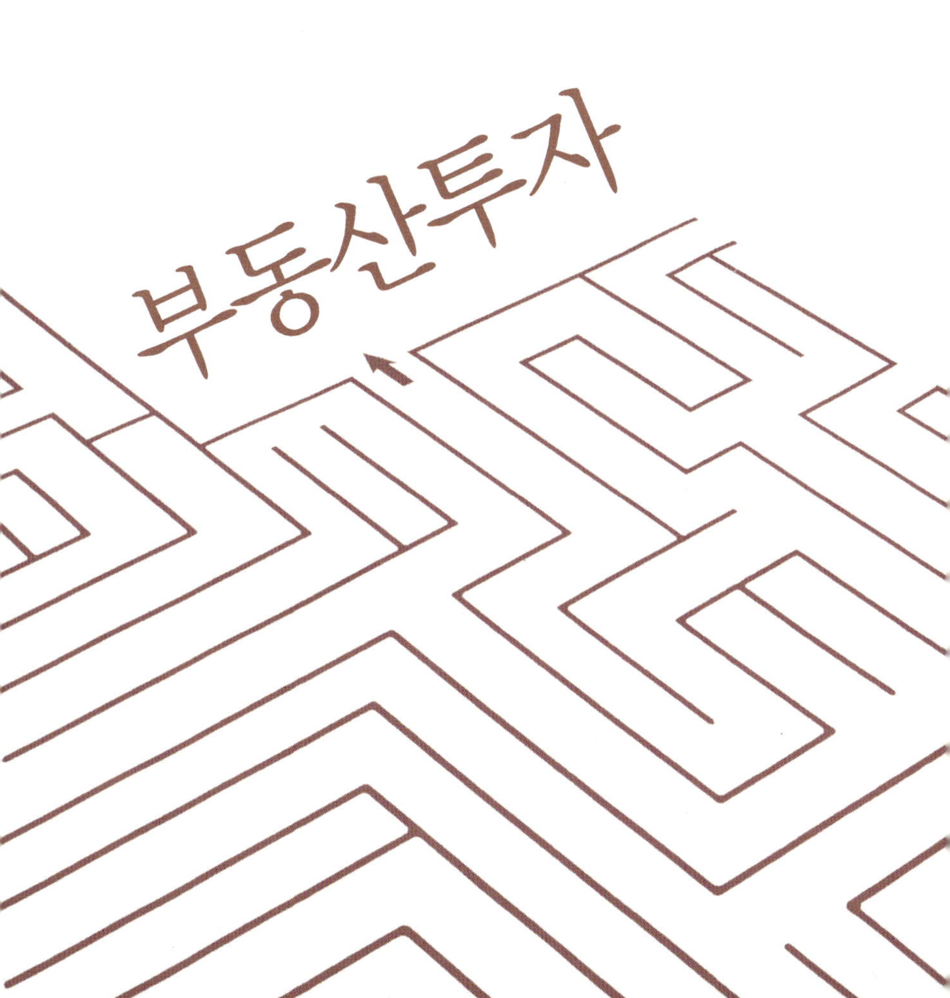
부동산투자

부동산투자의 영역

'강남불패'라는 용어가 생겨난 지도 벌써 오래된 느낌이다. 이런 용어가 만들어지고 회자되기까지에는 상대적으로 다른 지역과 차별성을 가지고 움직인 강남지역 부동산 가격의 상승에 주목하는 우리 마음을 반영한 것이라고 생각된다.

1973년 '반포아파트'를 서막으로 하여 '압구정동의 현대아파트'가 아파트의 강남시대를 활짝 열면서, 경제성장의 과실을 향유해 보려는 투기의 열풍은 소위 '복부인'이란 신조어를 만들어 유행시켰고, 근자의 '노·도·강',[34] 그리고 '한강신도시'까지…… 새로운 신조어를 계속해서 만들어 냈다. 돌이켜 보건대, 1988년 서울에서 올림픽이 개최되면서 아파트 가격은 아침과 저녁이 다르게 앙등되는 시기도 경험했다.

---

34) 노원구, 도봉구, 강북구의 줄인 말

부동산투자의 영역은 투자대상에 따라 크게 주거용 부동산, 상업용 부동산, 그리고 토지투자로 대별된다. 주거용 부동산투자의 경우는 환금성의 측면에서 유리한 아파트, 주상복합건물, 그리고 단독주택이 그 대상이 된다. 상업용 부동산은 빌딩과 아파트 상가, 그리고 근린생활시설 등이 투자의 대상이 된다. 토지투자는 상업용 토지, 대지, 그리고 전답과 임야 등의 투자대상이 있다.

부동산투자의 다른 영역으로는 부동산과 금융이 결합된 형태의 새로운 투자 상품들이 등장하고 있다. 대표적인 상품으로는 부동산투자신탁인 리츠(REITs: Real Estate Investment Trusts)가 있다.

아파트 가격을 지배하는 원리

파트를 어디에 소유하고 있는가에 따라 샐러리맨들의 운명이 달라지는 경우를 우리는 보곤 한다. 10년 전 출퇴근을 위하여 빚을 내어 강남에 소형아파트를 장만했던 A씨와 강남의 아파트를 팔고 이전하는 직장을 따라 수도권 외곽지역에 대형아파트를 장만했던 B씨의 바뀐 운명에 대해 웃기 어려운 콩트 같은 사실이 바로 우리의 현실이다.

그렇다면 아파트 가격을 지배하는 원리는 무엇일까? 아파트 가격을 지배하는 가장 큰 원리는 '수요와 공급(Demand & Supply : '수급'이라고도 함)의 원리'이다. 수급의 원리 속에는 한순간 신기루처럼 떠오르는 테마성의 상품까지를 포함한다. 예를 들면, '재건축아파트', '신규분양아파트' 그리고 '전원주택' 시장 등이 이에 해당한다. 또 다른 지배 원리는 '미인의 원리'다. 내가 좋아하는 아파트보단 남이 좋아하는 아파트를 구입

핵심 재테크

해야 한다. 셋째는 패턴의 원리다. 아파트 가격의 변동은 강남 → 1기 신도시(분당, 평촌, 일산, 중동) → 목동, 여의도 → 강북 → 수도권이란 패턴을 가지고 일정시점을 두고 가격이 전이되는 현상을 반복해 왔다.

다음으로 챙겨야 할 지배원리는 교통의 편리성과 학군 원리이다. 일례로 서울지하철 9호선의 개통으로 주변의 역세권 아파트는 2009년 약 11% 이상 상승하는 모습을 보였다. 마지막으로 '그린(green)의 원리'이다. 최근 들어서 불고 있는 '그린'이라는 사회적 열풍을 반영하여 친환경 자재의 사용 여부와 강, 산, 바다와 같은 조망권의 확보 여부가 아파트 가격을 지배하고 있다.

서울소재 대형빌딩투자

우리나라 부자들은 강남의 중형빌딩(50억~100억 원 미만) 구입에 깊은 관심을 보이고 있다. 글로벌 금융위기를 극복하기 위하여 시중에 풀린 자금이 결국 인플레이션의 단초를 제공하리라 예상을 하고 빌딩을 구입하여 가치상승에 따른 자본이득(Capital Gain)과 부동산 임대소득(Income from Rental Real Estate)을 동시에 취할 수 있는 포지션을 미리 확보하기 위한 전략이라 분석된다.

서울에는 나날이 대형빌딩이 늘어나고 있지만, 20층 이상에 해당하는 소위 'A급 빌딩'은 150여 개로 한정되어 있다. 여기서 A급 빌딩이란 연면적 33,058m² 이상(평의 개념으로, 1만 평 이상)의 크기로 1,000억 원 이상의 가치를 가진 건물을 말한다. 이런 A급 건물은 재단과 기업의 본사 사옥으로 사용되는 건물을 제외하고 약 40%만이 거래가 가능한 건물이다. IMF외환위기를 거치면서 이런 건물의 절반 가까운 숫자가 외국인 소유였으나 최근 들어 국내의 연기금 투자자들에 의해 소유권이 다시 국내투자 자에게 이동되고 있다.

서울의 대형빌딩 수익률은 얼마 전까지만 해도 연 7%에 달해 아시아에서 가장 높은 수익률을 기록한 적도 있으나 최근에는 경기 를 반영하여 수익률이 하락하는 추세에 있다. 대형빌딩투자의 한 예로서 론스타(Loan Star)의 투자 사례를 살펴보면, 론스타는 현 재의 강남파이낸스센터(GFC, 당시의 건물명은 '스타타워')를 2001년 중순에 6,800억 원에 인수하여 2004년 12월에 싱가포르 투자청(Government of Singapore Investment Corporation)에 9,600억 원에 재매각하여 3년 6개월이라는 짧은 기간에 47%라는 경이적인 수익을 올린 기록이 있다.

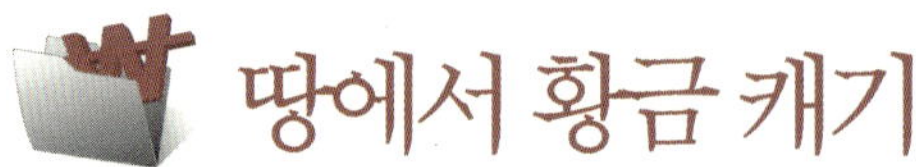

땅에서 황금 캐기

토지 투자와 관련하여 오랫동안 변함없이 지켜지는 말이 바로 "땅은 거짓말을 하지 않는다."라는 말이다. 70년대 이후의 급격한 산업화 과정을 겪으면서 토지가격의 앙등을 불어왔던 토지가격은 토지소유자들에게 지가상승에 대한 많은 보상을 선물하여 주변 사람들에게 부동산에 대해 맹신에 가까울 정도의 믿음을 갖게 하였다.

서울 강남에 사는 300억 원대의 부자인 K씨(80세)는 고등학교를 졸업하고 을지로에서 포목장사를 하면서 번 돈으로 강남의 땅에 투자를 하여 부자가 된 경우다. 당시에 그는 서울이 커짐에 따라, 강남지역이 개발되리라 예상을 하고 장화를 신지 않고서는 걸을 수도 없던 강남의 밭에 투자하여 현재는 강남에 건물을 2개나 소유하는 부자가 되었다.

김포에 사는 땅 부자인 P씨(72세)는 소작농의 아들로 태어나

초등학교만 간신히 마친 상태에서 아버지를 도와 농사일을 하였다. 그는 어린 시절에 겪은 땅에 대한 서러움으로 조금이라도 돈이 모이면 땅을 조금씩 사서 모았다. 이렇게 사 모은 땅이 16,500m²(5,000여 평)나 되었고 현재 자신이 소유한 토지가 경인운하 김포터미널의 예정부지로 지정되면서 50억 원이 넘는 토지보상을 기다리고 있다.

토지투자를 지배하는 원리

부동산투자 중에서 토지투자는 경험과 공부를 요하는 투자이다. 아파트에 투자하는 것이 정형화된 형태이고 거래 가격이 어느 정도 안정화되어 있는 반면에, 토지투자는 개개 필지의 토지마다 다르다는 특성과 비정형성을 가진다는 차이가 있기 때문이다. 여기에다 초보자들이 원하지 않은 비싼 수업료를 지불하게 만드는 기획부동산들의 유혹이 항상 도처에 도사리고 있기도 하다.

토지투자를 지배하는 원리는 첫째가 도로와 교통망이다. 땅값에 영향을 주는 도로망으로는 고속도로, 국도, 그리고 지방도로 등이 있다. 미래의 도로망을 예측하기 위해선 국토종합계획도를 참고할 필요가 있으며 현재는 2020년까지 수립된 제4차 국토종합계획도가 나와 있다. 교통망으로는 고속철도, 전철, 경전철을 들 수 있는데 미래의 교통망은 미래철도 DB를 통하여 살펴볼 수 있다.

다음의 지배원리는 땅 위와 땅속에 무엇이 있는가를 살펴볼 필요가 있다. 당진에 사는 L씨(65세)는 경매로 임야를 낙찰받아 땅속의 자연석을 팔고, 임야에 남아 있던 흙을 한 트럭당 3만 원씩 받고 팔아 경매대금을 충당하고, 평지로 남은 땅은 전원주택 부지로 평당 30만 원씩 팔아 자기 돈을 한 푼도 들이지 않고 7억 5,000만 원을 벌었다.

마지막으로 편안한 땅의 기운을 느껴야 한다. 땅의 기운이란 그곳에 가서 본인 스스로 느끼는 안정감을 의미한다. 뭐라고 표현하기 어려운 편안함을 주는 토지를 구입하라는 의미이다. 예를 들어, 축사나 장례식장과 같은 혐오시설이 주변에 있다든지, 고압선이 위로 지나간다면 편안함을 느낄 수는 없을 것이다.

초보자를 울리는 땅

꿈에 부풀어 즐겁게 시작한 토지투자가 한 번의 실수로 인하여 오랫동안 골칫거리로 전락하는 경우가 종종 있다. 세계적인 투자자 워런 버핏이 자신이 확실하게 아는 회사만 골라서 투자를 하였듯이 토지투자에 있어서 본인 스스로 '토지투자의 고수'라고 자인하는 투자자들이 아니라면 아래와 같은 토지는 구입하지 않는 것이 훗날 마음이 편할 것이다.

제일 먼저, 물 속에 잠긴 땅을 구비해서는 안된다. 물길로 인하여 변해 버린 땅은 복구가 불가능하기 때문에 땅을 구입하기에 앞서 정확한 땅의 위치를 확인하는 작업이 필요하다. 비슷한 유형으로 남의 담장 안에 있는 땅을 구입하는 경우다. 이러한 경우도 자신의 사유재산에 대한 완전한 재산권 행사를 하는 데 지장이 있다.

다음은 공유한 땅을 한 사람의 지분만 파는 토지라든지, 종

중의 땅을 대표라는 사람이 혼자 파는 경우다. 이런 땅을 구입하면 나중에 땅의 권리를 행사하지 못한다든지, 아니면 송사에 휘말릴 가능성이 매우 높다. 이와 유사한 유형으로 위임장을 가지고 다니면서 외국으로 이민을 간 사람을 대신하여 파는 사람의 땅을 구입하는 것도 위험성이 있다.

도로나 공원, 그리고 하천과 같이 공공시설지구 안에 있는 땅을 구입하는 것도 금지할 사항이다. 이러한 곳에 위치한 땅은 결국 재산권을 온전하게 행사할 수가 없다.

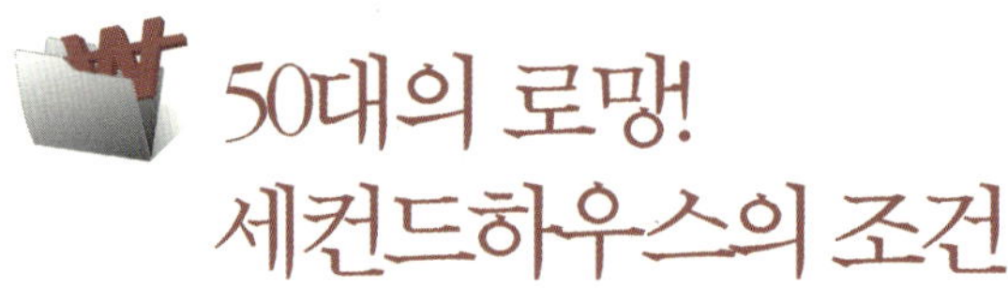

50대의 로망!
세컨드하우스의 조건

남성전용잡지인 'Den'은 2009년 하반기에 발행한 잡지에서 50대의 남성들의 호기심을 자극하는 설문결과를 발표한 적이 있다. 설문의 질문은 50대에 해 보고 싶은 것들을 조사하여 순위를 매기는 내용이었다. 여러분은 무엇이 1위를 차지했을 것이라고 생각하는가?

성공한 50대에 하고 싶은 것 중에 1위를 차지했던 것은 바로 세컨드하우스를 장만하는 것이었다. 그동안 자신의 삶을 위해 치열하게 달려온 덕분에 성공한 50대의 중년들이 이제는 달리던 삶의 속도를 저속으로 변경하는 '다운시프트(Down Shift)'적인 삶을 꿈꾸고 있기 때문이라 생각된다.

이런 열망에 부응이라도 하듯 양평, 가평, 강화, 그리고 포천 등지에서 업자들이 분양하는 전원주택광고가 신문에서 자주 눈에 띈다. 앞에는 강물이 흐르고 뒷산에는 산안개가 한 폭의 동양화같이 피어오르는 마을에 유럽형의 전원주택과 뜰에는 파란 잔디가 잘 정돈되어 있는 정원을 50대라면 누구나 마음에 그리고 있는 것 같다. 주중은 도시에서 주말은 이런 곳에서 보내고 싶은 욕망을 실현하기 위한 주말전원주택의 조건을 점검해 보면 어떤 것들이 있을까?

지리적으로 드라이빙 거리가 1시간 내외, 최대 1시간 30분을 넘지 않는 거리에 위치해야 한다. 드라이빙 시간이 길어지면 세컨드하우스는 '활용'이라는 본연의 취지와는 달리 '보존'이라는 경우로 변질되어 애물단지가 될 수도 있다. 세컨드하우스의 성격도 변화하고 있다. 과거엔 남의 시선을 의식한 과시형에서 최근엔 실속형으로[36] 변하고 있다. 당연히 집의 향도 점검해야

---

36) 초창기에는 남을 의식해서 보이기 위한 저택형의 웅장한 스타일이 많았다. 하지만 시골생활이 이상만이 아닌 현실이라는 사실을 인지하게 되면서, 최근에는 관리하기가 용이하게 작은 규모의 실속형으로 방향 전환을 하고 있다.

될 요소다. 겨울철은 향에 따라 난방비용의 차이가 발생한다. 향은 난방비용의 직접적인 원인이 되기 때문이다. 집의 향은 남향이어야 하며, 동창으로 햇살이 들어올 수 있게 배치해야 생동감을 얻을 수 있다. 4차선으로부터 적당히 떨어져 있어야 소음과 먼지로부터 탈피하여 시골의 정취를 느낄 수 있다. 마지막으로 마을에서 혼자 동떨어진 위치에 자리를 잡게 되면 미처 생각하지 못한 불편을 초래할 수도 있다.

리츠(REITs) 투자

리츠(REITs: Real Estate Investment Trusts)란 부동산 간접투자의 형태로, 투자자들로부터 소액의 투자자금을 받아서 부동산에 투자를 하는 부동산투자신탁을 말한다. 리츠의 투자대상으로는 부동산 개발사업, 임대사업, 또는 주택저당채권 등에 투자를 하여 올린 수익에서 수익을 얻기 위하여 발생된 비용을 제외하고 나머지를 투자자에게 배당하는 형태를 취한다. 투자자의 입장에서는 소액으로 부동산투자를 할 수 있다는 점과 부동산 구입에 따른 복잡한 행정적인 절차나 관리의 어려움을 신탁회사에서 대행해 준다는 점에서 장점이 있다.

이해를 돕기 위해 단순화된 형태의 리츠를 설명해 보고자 한다. 서울 강남에 100억 원짜리 건물이 있다고 가정해 보자. 리츠회사는 100억 원짜리 건물을 사서 임대를 놓아 비용을 제외하고도 은행금리 이상의 투자수익을 예상한다면 투자자를 모집하여 건물을 인수하게 된다. 마침 현금 1억 원을 가지고 있는 투자자인 J씨는 부동산투자를 심각하게 고려하고 있으나 1억 원으로 살 수 있는 마땅한 건물을 찾기도 어렵고 막상 구입을 한다손 치더라도 현재 하고 있는 본업으로 인하여 건물을 관리하기도 어려운 처지다. 이럴 경우 J씨는 부동산투자신탁을 통해 자신에게 맞는 부동산 간접투자를 하여 은행에 예금한 이자 이상의 수익을 얻을 수 있다.

해외 부동산투자

외환보유고의 증대로 인하여 내국인의 해외 부동산 취득에 대한 빗장은 2000년 이후 열리기 시작했다. 2001년도에는 10만 달러까지만 투자가 가능해져 제한되었던 문이 조금 열렸고, 2005년과 2007년에는 투자 상한선이 증액되어 문이 더 개방되었다. 그리고 2008년 6월에는 투자한도를 아주 없애는 자유화를 실현하였다. 여기서 자유화란 투자한도의 측면이며, 부동산 취득을 위한 외화반출에 대한 신고와 종합소득세를 신고하는 행정적인 의무사항은 여전히 남아 있다. 정부의 통계에 따르면, 지금까지 해외 부동산 구입을 위하여 투자된 금액은 약 25억 달러에 달한다.

해외 부동산투자의 대상으로 많이 거론되는 지역으로는 미국의 경우 뉴욕(NY)의 맨해튼이나 로스앤젤레스(LA)의 오렌지카운티, 그리고 하와이의 호놀룰루가 있다. 이 중에서 호놀룰루의 경우는 미국의 본토와 비교하여 지리적으로나, 가격적인 면에서 경쟁력을 갖추고 있기에 해외 부동산투자 대상으로 선호되고 있는 지역이다. 하와이는 섬 전체가 휴양도시이고, 자연경관이 수려한 관광도시에 어울리게 관광레저인프라까지 잘 갖추어져 있다. 게다가 투자에 앞서 가격의 변동성을 점검하는 일은 투자지역을 선정하는 데 중요한 변수가 되는데, 이런 측면에서도 호놀룰루는 투자자로부터 후한 점수를 받고 있다.

최근에는 투자 대상이 미국 중심의 일변도에서 벗어나서 말레이시아, 필리핀 등과 같은 동남아 국가로까지 해외 부동산투자가 점차 다양해지고 있는 양상을 보이고 있다. 비행시간이 적기 때문에 접근이 용이하고, 투자자금이 저렴하며, 낮은 인건비로 인하여 국내에서는 누리기 힘든 호사를 적은 비용으로도 누릴 수 있기 때문이다.

셸던 아델슨

셸던 아델슨(Sheldon Adelson)은 '카지노의 대부'이다. 그는 미국의 3대 부자로도 유명하다. 투자의 귀재로 미국 라스베이거스 샌즈그룹(Las Vegas Sands Corp.)의 소유자이다.

그는 가난한 이민자의 아들로 태어났다. 그의 부친은 택시운전사를 했는데, 가난했던 연유로 그는 어린 나이에 일찍 사업에 눈을 뜨게 되었다. 12세 때 이미 사업을 시작하여 부동산을 통하여 많은 부를 축척하기 시작하였고 현재 50여 개의 회사를 거느린 부자이다.

1995년 그는 자신이 창시한 컴퓨터 관련 전시장인 컴덱스(COMDEX)를 재일동포인 손정의 씨가 소유한 일본 소프트 뱅크 회사에 매각함으로써 8억 6,000만 달러, 한화로 환산하여 약 8,600억 원(계산이 용이하게 1$=1,000원으로 계산)을 손에 쥐게 되었다.

1989년 라스베이거스 샌즈호텔과 카지노를 구입하면서 카지노 업계에 진출한 그는 탁월한 운영능력을 보여 부를 일군 입지전적인 인물이다. 그는 2005년 우리나라를 방문하여 전라남도가 추진 중인 'J프로젝트'에 참여할 뜻을 내비치기도 했던 인물이다.

도널드 트럼프

뉴욕 출생의 도널드 트럼프(Donald John Trump)는 세계적인 갑부이다. 부동산 중계업자인 아버지의 영향으로 일찍이 부동산개발에 눈을 떠서 대학을 졸업하자마자 부동산 개발업을 시작하게 되었다. 그의 나이 28살에 부동산 개발업자로 나선 그는 뉴욕 코모도어 호텔의 재개발로 많은 부를 축적하게 된다.

36살의 어린 나이에 뉴욕의 트럼프 타워를 건설하였고, 카지노시티인 애틀랜틱시티를 뉴저지(NJ) 주에 건립하면서 카지노 사업에도 투신하게 된다. 개관식 때에 웅장한 규모로 유명세를 탄 트럼프 타지마할을 포함하여 3개의 카지노장과 2개의 골프장을 운영하고 있다.

그는 미인 선발 대회인 미스 유니버스 개최회사를 가지고 있으며, 우리나라에서도 사업적인 연관을 맺었는데, 대우트럼프월드 건설회사를 통하여 건립한 트럼프월드가 서울 여의도에 남아 있다.

수려한 외모만큼이나 여러 가지 풍문과 화려한 삶으로 우리에게 흥

밋거리를 제공했던 그이지만, 부동산투자와 부동산개발에서 보인 그
의 사업적인 수완은 부동산투자의 대가다운 면모를 과시했다.

금투자

실물자산 투자의 만형, 금투자

금은 고대로부터 현재에 이르기까지 시간과 공간을 초원하여 인류의 사랑을 받아 왔다. 색이 변색되지 않기 때문에 결혼의 증표인 반지와 몸의 치장용으로 쓰이던 금이 이제는 투자의 대상으로 더 각광을 받고 있다.

금에 대한 투자는 전통적인 투자로 여겨지는 주식, 부동산, 그리고 채권과 더불어 새로운 투자의 한 축으로 자리를 잡는 느낌이다. 2009년에 들어서면서 이러한 경향은 더욱 두드러졌다. 2008년 말에 발생한 글로벌 금융위기로 인하여 이를 극복하기 위한 국제적인 노력이 동시에 이루어졌다. 가장 중심적인 방안이 바로 금리인하를 통한 저금리정책을 구사하여 침체된 경제에 활력을 불어넣으려는 시도였다. 하지만 투자자들은 경기가 회복되기 시작하면 발생할 수 있는 인플레이션 가능성에 우려하게 되었고, 발 빠른 투자자들은 금에 주목하기 시작하였다.

2000년 이후 과거 10년 동안 금의 현물가격 변동을 살펴보면 달러 인덱스와 금의 현물가격은 음의 상관관계를 가져왔다. 즉, 달러의 가치가 오르면 금의 가격은 하락하고 달러의 가치가 상승하면 금의 현물가격이 하락하는 모습을 보였다. 이는 투자자들이 미국의 달러화에 대한 보완적인 투자로 금에 대한 투자가 각광을 받고 있음을 의미한다. 미국의 달러가 세계의 기축통화인 점을 감안해 볼 때, 과거엔 기축통화의 위상이 흔들릴 때마다 대체 투자안으로 유로화나 일본의 엔화를 선택했다. 하지만 최근의 추세는 유로화나 일본의 엔화보다는 오히려 실물투자인 금을 선호한다고 여겨진다.

세계의 평화를 위협하는 국지전이나, 경제의 모멘텀을 변화시키는 글로벌 인플레이션, 또는 금융위기와 같이 불확실성이 증대될 때마다 금에 대한 수요는 앞으로도 꾸준히 증대하리라 예상이 된다. 더욱이 하루가 다르게 발전하는 중국과 인도 가정에서의 금에 대한 수요가 증가추세에 있는 점을 감안해 보면, 금에 대한 투자를 이제는 투자의 한 축으로 인정하고 포트폴리오를 구성하는 것이 합리적인 전략이란 생각이 든다.

금투자의 다른 세계

금에 대한 투자를 하는 방법으로 금화(Gold Coin)를 모으는 방법도 있다. 금화를 수집하는 것은 우리나라에선 아직까지 많이 보편화되지 않은 방법이나, 외국에선 투자가들 사이에 많이 활용되는 방법이다.

우리나라에서 금화에 대한 투자가 활성화되지 못한 이유는 여러 가지 있겠지만, 가장 커다란 이유는 금화로 발행된 물량이 많지 않고 또 다양하지 않다는 한계를 가지고 있어서라고 생각한다. 미국의 경우, 전 세계에서 출시된 금전이 투자자와 수집가들 사이에서 다양하게 거래되고 있는 실정이다.

오랜 역사를 가진 금화는 현재 각국에서 특별한 이벤트가 있을 때마다 주로 발행되고 있다. 우리나라의 경우에는 88올림픽 때 올림픽 개최를 기념하기 위하여 발행되었던 기념주화가 대표적이다. 금화가 발행될 때는 주로 은화와 함께 시리즈로 발행되는 경우가 많다. 다른 나라의 경우 국가를 상징하는 상징물을 선정[37]하여 연차적으로 발행되는 것이 보편화되어 있다.

금화의 가격은 기본적으로 희소성의 원리에 지배받지만, 금 값의 변동이 바로 금화의 가격에 영향을 미치고 있다. 취미와 수집을 병행하면서 동시에 투자를 함께할 수 있는 것이 금화에 대한 투자이다.

---

37) 예를 들면, 캐나다의 경우 '메이플'을, 호주의 경우 '캥거루'를, 중국의 경우 '판다'의 모양을 금화에 새겨서 국가 이미지와 함께 금화를 발행하고 있다.

국가도 금투자 경쟁을?

한 국은행이 보유한 금이 어느 곳에 보관되어 있을까 하는 궁금증은 한때 세간의 호기심을 불러일으킨 적이 있다. 금은 개인들만 하는 투자대상이 아니기 때문이다. 개인차원은 물론 개별국가들도 외환보유고를 유지하기 위해 금에 대한 투자를 한다. 좀 더 정확한 표현으로 각국의 중앙은행들은 외환보유고의 한 축으로 금을 보유하고 있는데, 최근 들어 금이 차지하는 비율을 각국의 중앙은행들이 점차 늘려 가고 있는 실정이다.

앞의 주제에서 이미 살펴본 바와 같이 미국 달러화에 대한 기축통화의 위상이 흔들릴 때마다, 기존에는 교환이 자유로운 하드커런시(Hard Currency)[38]인 영국의 파운드화나 유로화,

---

38) 하드커런시는 국제적으로 널리 통용이 되는 통화를 말한다. 예를 들면, 미국의 달러, 영국의 파운드, 유로화, 일본의 엔화 등이 이에 속한다. 이와는 반대로 통용이 쉽지 않은 화폐를 우리는 '소프트커런시(Soft Currency)'라고 한다.

또는 일본 엔화의 보유액을 늘렸지만, 이젠 금을 선택하고 있다고 볼 수 있다.

각국이 보유한 금의 양을 살펴보면, 2009년을 기준으로 미국이 8,133톤, 일본이 765톤, 그리고 중국이 1,054톤의 금을 보유하고 있는 반면에 우리나라의 중앙은행은 14톤 정도를 보유하고 있다. 선진국의 경우, 외환보유액 중 많은 부분을 금으로 보유하고 있는 실정이며, 중국은 물론, 인도까지 가세해서 금의 확보를 위하여 심혈을 기울이는 모습을 보이고 있다. 이런 이유로 우리나라도 외환보유액에서 차지하는 금의 보유비율을 더 늘려야 한다는 의견이 사회일각에서 제기되기도 하는 실정이다.

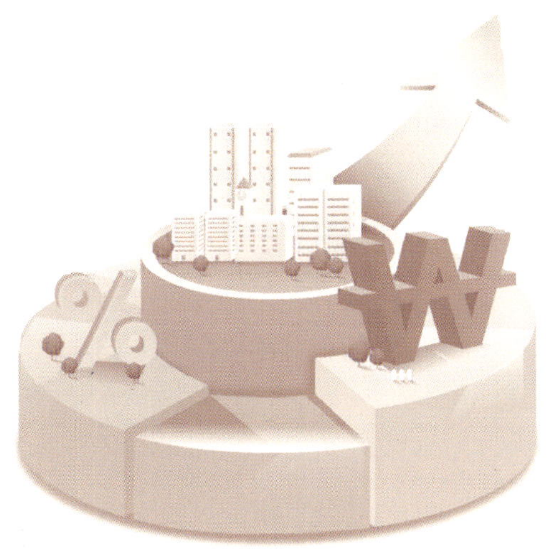

부자들의 생활철학

첫째, 이들은 생각보다 매우 검소하다.

둘째, 가치를 중시하는 삶을 영위한다.

셋째, 매우 근면하다.

마지막으로 몸에 밴 생활철학을 조금도 흔들림 없이

지속적으로 유지한다는 점이다.

Part 3

재무설계 폴더

# 미래를 밝히는 재무설계

재무설계(Financial Planning)란 개인이 원하는 재무목표를 달성하기 위하여 사람의 일생 전반에 대하여 시기별로 나누어 필요로 하는 재무목표를 설정하고 저축이나 투자를 통하여 목표가 실현되도록 하는 계획을 말한다. 마치 우리가 주택을 마련하기 위하여 일정기간 동안 계획을 하고 소요되는 자금을 마련하는 것과 같다. 다른 차이점이 있다면 설계기간이 우리의 일생으로 길어진다는 점이며, 재무목표가 하나가 아니고 여럿이 될 수 있다는 점이다. 즉, 한 개인의 일생 동안 예견되는 미래의 주요한 재무목표를 설정하고 이에 필요한 자금을 역산하여 미리 계획성을 가지고 준비함으로써 경제적으로 윤택한 노후를 맞이할 것인가 하는 것에 초점이 맞추어져 있다.

이러한 재무목표를 설정하기 위해서는 결혼자금, 자녀의 교육자금, 내 집을 마련하기 위한 자금, 그리고 은퇴를 준비하기 위한 자금 등과 같은 생애주기별 목표를 먼저 설정하는 것이 중요하다. 물론 통상적인 생애주기별 목표에다가 추가적으로 부부의 해외여행자금 등과 같이 개인에 따라 차별화되는 목표가 추가된다. 이런 목표 아래 필요로 하는 자금이 산정되며 이러한 산정작업이 마무리되면 소요되는 자금을 어떻게 구체적으로 마련할 것

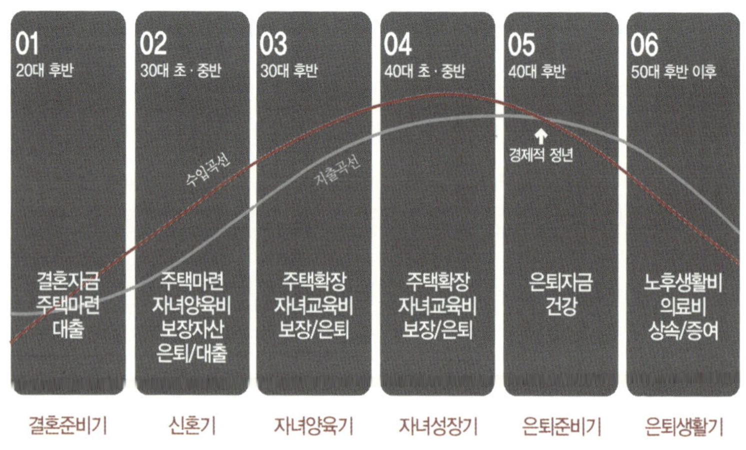

인가 하는 투자설계가 수반되는 절차를 거친다.

생애주기적인 측면에서 살펴보면, 왼쪽의 그림[39]에서 예시된 바와 같이, 보통사람들을 기준으로 수입곡선과 지출곡선의 불일치가 50대 초반에 발생하게 된다. 이 시기에는 수입보다는 지출이 증가하는 모양을 보이는데, 이 부족한 갭을 미리 준비하여 편안한 노후를 맞이할 것인가 하는 것이 재무설계의 매우 중요한 부분이라고 할 수 있다.

---

39) 김용희 · 임태순 · 서영수 · 김병두, 〈리스크와 재무설계〉, 현학사, 2008, p.78.

나를 살리는 재무설계

재무설계는 개인의 재무목표(예, 결혼, 자녀교육, 노후준비 등)를 달성하기 위하여 개인별 목표를 설정하고 이에 요구되는 자금을 어떻게 미리 계획성 있게 준비하고 안정적으로 마련할 것인가에 초점이 맞추어져 있다. 이런 의미에서 재무설계는 경제적인 생활을 영위하는 우리 모두에게 필요하다는 중요성을 갖는다.

재무설계는 노후준비가 완료되어 금전적으로 여유가 있는 부자들보다는 오히려 중하위층에서 필요성이 부각되는 측면이 있다. 부자들의 경우는 자신의 자산을 투자하고 유지하는 관리(management)만 잘하면 되겠지만, 중하위층에서는 노후에 대한 준비가 마련되어 있지 못한 경우가 너무 많기 때문이다. 마련되지 못한 이유로 절대적인 소유가 적은 경우도 있지만, 여러 가지 사유로 인하여 가정의 재무여건이 개선되지 못하는 경우도 있다. 예를 들어 보면, 비효율적인 투자를 한다든지, 아니면 보험의 중복가입으로 인하여 자신의 수입에 버거울 정도의 보험료를 납입하는 경우도 있다. 이러한 상황이 만들어지면 가정경제는 더욱 악화될 수밖에 없는데, 이런 비효율적인 부분에 대한 점검이 요망된다.

재무설계는 가정과 개인의 재무관리에 대해 점검해 보고 비효율적인 부분에 대해 보완하여 다가오는 미래의 재무목표를 실현시키는 중요성을 지니고 있다.

재테크 vs 재무설계

우리는 때때는 재테크와 재무설계를 같은 맥락에서 이해할 수도 있다. 좀 더 쉽게 접근하여 높은 투자수익을 올리고자 하는 동일한 목표를 가진 단어로 오해할 수도 있다. 하지만 재테크와 재무설계는 추구하는 목표에서부터 차이점이 있다.

재테크는 재(財)와 테크놀로지(technology)의 합성어다. 부(富)를 형성하는 재(財)를 어떻게 좀 더 이론적으로 무장하여 합리적으로 추구할 것인가 하는 관점에 초점이 맞추어져 있다고 할 수 있다. 좀 더 쉽게 표현하면 금융지식의 습득을 통한 자산 모으기(부자 되기)라고 볼 수 있다. 즉, 목표에 제한이 없는 측면이 있다. 물론 투자자에 따라 차이가 존재하겠지만, 가능하면 '고수익', 가능하면 '많이'의 성격이 내재되어 있다.

이에 반하여 재무설계는 이미 설정된 개인의 재무목표(예를 들면 결혼, 노후 대비 등)를 달성하기 위하여 저축이나 투자를 통하여 어떻게 소요되는 자금을 마련할 것인가에 초점이 맞추어져 있다. 따라서 저축이나 투자 이전부터 이미 실현할 목표가 설정되어 있다는 점에서 차이가 있다. 결론적으로 정리해 보면 재테크와 재무목표는 추구하는 목표부터가 다르다고 볼 수 있다.

노후준비 전략

우리나라도 인구의 고령화에 따라 노후에 대한 준비가 강조되고 있지만, 현실적으로 노후에 대한 준비가 부족한 것이 사실이다. 개인마다 현재 처한 상황이 다르기 때문에 일괄적으로 말씀드리긴 어렵지만 대체적으로 살펴보면 아래와 같다.

먼저, 연금을 활용할 수 있다. 국민연금은 공적 연금으로서 가장 기본적인 연금이다. 이외에도 사학연금과 공무원연금, 군인연금 등을 들 수 있다. 국민연금은 개인의 노후를 보장해 줄 만큼 충분한 정도는 아니지만, 기본 생계를 유지할 정도의 가장 기초적인 연금이라고 할 수 있다.

둘째, 퇴직금과 같은 기업연금, 그리고 개인적으로 보험회사 및 은행과 같은 금융기관에 준비한 개인연금을 들 수 있다. 이러한 연금들도 과거의 고도성장기 때와 달리 저금리 기조에 기

인하여 자녀의 교육과 혼사 비용 등으로 필요로 하는 목돈에 충분하지 못할 수 있다.

셋째, 또 다른 대안은 고정적인 수익이 매달 나올 수 있도록 하는 방법이다. 한 가지 대안으로 현재 거주하는 주택의 규모를 줄여 임대수익을 기대할 수 있는 수익형 부동산에 투자해 보는 방법이다. 예를 들면 소형 상가, 임대주택, 또는 오피스텔을 구입하여 임대수익을 통하여 노후를 준비하는 것이다. 이때 주의할 점은 유혹이 따르게 마련인 시세차익보다는 장기적인 임대수익 창출이라는 원칙에 충실하는 것이 바람직하다.

은퇴자금 준비

고령화에 대한 우려가 국가적인 관심사로 떠오른 가운데, 베이비부머(Baby Boomer) 세대가 이미 은퇴를 시작했다. 따라서 은퇴준비에 대한 관심이 증대되고는 있으나, 현실적으로 은퇴준비가 마련되어 있지 못하다고 한 설문조사 결과는 막연히 다가오는 미래가 아니고 준비된 미래를 위해 은퇴준비는 하루라도 빨리 서둘러야 한다는 생각을 갖게 한다. 은퇴준비의 요체인 은퇴자금을 준비할 때 고려해야 할 몇 가지 사항을 점검해 보고자 한다.

첫째, 수명에 대한 예측이다. 이러한 예측에 기반을 두어야 필요한 자금의 산정이 가능하기 때문이다.

둘째, 다음으로는 언제까지 내가 경제활동을 할 수 있을까 하는 사항이다. 경제활동을 통하여 경제적인 도움을 받을 수 있을 뿐만 아니라 건강과 마음의 행복까지 얻을 수 있기 때문이다.

셋째, 은퇴한 후에 얼마 정도의 생활비가 소요될까 하는 계산이 필요하다. 개인에 따라 차이가 있지만 보통 은퇴 후의 삶은 은퇴 전의 삶에 비해 생활비가 60~70% 정도로 줄여서 계산하는 경우가 많다.

넷째, 인플레이션을 반영하여 현재의 화폐가치와 미래의 화폐가지를 환산할 필요가 있다. 마지막으로 본인에게 맞는 포트폴리오를 구성하여 준비된 목표에서 벗어나지 않게 실천하는 것이 문제다.

2030세대의 재무설계

2030세대는 학교교육에서 벗어나서 자신의 손으로 소득을 얻어 부모로부터 독립하는 시기다. 이 시기엔 사회진입기인 20세대와 가구형성기의 30세대로 주로 구분된다. 이 시기에 가장 중요한 것은 합리적인 소비습관을 유지하는 것이다. 금전적인 측면에서 항상 부족했던 학생신분으로 오랫동안 억눌러 왔기 때문에 소득이 바로 소비로 연결되기 쉽다. 따라서 소비에 현혹되어 미래를 준비하기보다는 현재의 화려한 생활을 선택하게 된다면 노후에 어려움을 겪을 수도 있다.

이 시기에는 미래를 위하여 준비하는 자세로 일단 50% 이상을 저축하고 나서 남은 것을 가지고 생활하는 습관을 가지는 것이 바람직하다. 이런 소비습관을 바탕으로 저축을 통한 목돈(Seed Money)을 마련함으로써 투자에 대한 준비를 하는 시기라고 볼 수 있다. 투자형 상품으로는 주식이나 채권, 그리고 펀드 등을 통하여 재산을 증식하는 것이 바람직하며 예기치 않은 질병과 사고를 대비할 수 있는 보험 상품에도 관심을 가져야 한다.[40] 또한 이 시기에 준비해야 할 것은 노후 대비를 위한 장기적인 재무계획을 수립하는 것과 아울러 자산관리에 대한 관심을 기울여 기초지식을 습득하는 것도 중요하다.

40) 임태순, 〈청년기금융과 실물자산포트폴리오〉, (국민연금CSA전문상담사과정 中 재무설계편), 국민연금공단, 2009, p.224.

4050세대의 재무설계

중년기인 4050세대는 자녀성장기와 은퇴기로 구분되는 시기이다. 이 시기의 중요한 특징인 자녀교육비가 증가하게 된다는 점과 아울러 50대에는 자신의 은퇴와 관련된 사항을 미리 준비하여야 한다. 40대에는 지출보다는 수입이 많은 시기이나, 50세 이후엔 수입과 지출이 역전되는 특징을 갖게 되므로 50세 이후엔 특히 노후준비에 많은 비중을 두어야 하는 특징이 있다.[41]

이 시기에 주의해야 할 사항은 조급한 마음으로 위험을 무시하고 수익성만 고려한 투자를 하는 우를 범하지 말고 안정성과 수익성의 균형을 갖고 계획성 있게 투자에 임해야 실패를 줄일 수 있다는 점이다. 혹시라도 투자할 여유가 있다면 부동산투자

---

41) 임태순, 〈중년기금융과 실물자산포트폴리오〉, (국민연금CSA전문상담사과정 中 재무설계편), 국민연금공단, 2009, p.229.

를 통하여 노후를 대비하는 것도 하나의 전략이 될 수도 있다. 부동산투자에서는 높은 수익률을 기대하고 토지에 거금을 투자하기보다는 매월 일정액의 임대료를 받을 수 있는 소규모의 상가나 오피스텔 등을 고려해 볼 수 있다. 또한 연금보험 등과 같은 보험 상품에도 관심을 가져 행복한 노후를 준비하는 것도 하나의 방법이다.

6070세대의 재무설계

070세대를 노년기라고 한다. 즉, 60대 이후의 은퇴생활기라고 할 수 있다. 그동안 삶을 영위하면서 얻지 못한 시간적인 여유와 미리 준비된 노후준비를 바탕으로 경제적인 여유를 구가하는 시기이다.

경제적인 측면에서 볼 때, 이 시기에는 노후생활비와 의료비 같은 지출이 증대됨에 따라 지출이 수입보다 많이 나타나는 시기이다.

따라서 이 시기에는 조급한 마음으로 투자수익률에만 초점을 두어 투자수익률을 극대화하는 방향으로 과욕을 부리다간 오히려 화를 당할 수도 있다. 따라서 과욕보단 현재 소유하고 있는 자산을 지키는 전략이 필요하다. 또한 자신이 소유한 자산의 크기에만 만족하지 말고 소유 자산을 적절하게 현금화하여 열심히 살아온 자신의 삶에 대해 보상받는 기분으로 활용할 수

있게 하는 것이 필요하다.[42]

소유한 자산이 많을 경우엔 이 시기에 증여하고 상속을 준비하는 시기라고 볼 수 있다. 이때 자손에 대한 증여와 상속의 차원의 범위를 벗어나서 소외된 이웃에 대한 배려와 나의 삶과 궤적을 같이한 사회에 대한 봉사까지를 생각할 수 있다면 재무설계가 충분하게 준비되지 않았나 하고 생각한다.

---

42) 임태순, 〈노년기금융과 실물자산포트폴리오〉, (국민연금CSA전문상담사과정Ⅱ), 2009, p.235.

# 참고문헌

고종완, 부동산투자는 과학이다, 다산북스, 2006.

김남경, 행복한 우리집 재무설계, 북스코프, 2008.

김종봉, 지금 이 땅에 돈을 묻어라, 월간조선사, 2004.

김재영, 재무설계법칙, 김&정, 2006.

김용희·임태순·서영수·김병두, 리스크와 재무설계, 현우사, 2008.

길전균, 불패의 땅 투자법, 매일경제신문사, 2009.

남명수·임태순, 재무관리의 이해, 법문사, 2007.

로렌 템플턴·스콧 필립스, 존 템플턴의 가치투자전력, 비즈니스북스, 2009.

로버트 기요사키, 형선호 옮김, 부자아빠 가난한 아빠, 황금가지, 2009.

로버트 해그스트롬, 김중근 옮김, 워렌 버핏의 완벽투자기법, 세종서적, 2002.

맹재원, 1억의 벽, 토네이도, 2009.

메리 버핏, 데이비드 클라크, 최준철 역, 워런 버핏의 실전투자, 이콘, 2005.

박상언, 10년 후에도 살아남을 부동산에 투자하라, 새빛에듀넷, 2009.

서정명, 워런 버핏의 두 개의 지갑, 무한, 2009.

송인호, 펀드투자(프레미엄 가이드), 미래의 창, 2007.

임태순, 청년기금융과 실물자산포트폴리오, 국민연금CSA전문상담사과정(재
　　　무설계편), 국민연금공단, 2009.

임태순, 중년기금융과 실물자산포트폴리오, 국민연금CSA전문상담사과정(재
　　　무설계편), 국민연금공단, 2009.

임태순, 노년기금융과 실물자산포트폴리오, 국민연금CSA전문상담사과정(재

무설계편), 국민연금공단, 2009.

앨리스 슈레더, 이경식 옮김, 워런 버핏과 인생경영, 랜덤하우스, 2009.

엄한철, 부자들의 땅 따먹기 놀이, 부연사, 2002.

우용표, 월급쟁이 재테크 상식, 길벗, 2008.

우재룡, 펀드투자 무조건 따라하기, 길벗, 2006.

월러스 워틀스, 김우열 옮김, 부의 비밀, 흐름출판, 2007.

윤재수, 주식투자 무조건 따라하기, 길벗, 2008.

전원속의 내집, 강남아파트보다 주말주택을 가져라, 주택문화사, 2009.

정복기, 재테크정석, 위즈덤하우스, 2008.

차학봉, 부자들만 아는 부동산시장의 법칙, 조선일보사, 2004.

피터린치 · 존 로스차일드 외, 피터린치의 이기는 투자, 흐름출판, 2008.

한상복, 한국의 부자들, 위즈덤하우스, 2003.

혼다켄, 부자가 되려면 부자에게 점심을 사라, 더난출판, 2004.

경제신문: 매일경제신문, 한국경제신문, 서울경제신문.

일간지: 조선일보, 중앙일보, 동아일보, 국민일보.

http://www.naver.com/ 이미지 사진

국내보험사 홈페이지: 삼성생명, 교보생명, 대한생명

외국계보험사 홈페이지: ING생명, AIA생명, 푸르덴셜 등.

Den The Gentleman's magazine

Wall Street Journal

임태순

약 력
美, Long Island University, MBA
美, University of Wisconsin-Madison, A.B.D
인하대학교 경영학 박사
한국기업경영학회 상임이사
한국재무관리학회 회원
美, William Patterson University, Lecturer
인천상공회의소 자문교수
경영지도사 시험출제위원
서울사이버대학교 학생지원처장 역임
서울사이버대학교 금융보험학과장 역임
서울사이버대학교 경영학과장 역임
현) 서울사이버대학교 금융보험학과 교수
현) 美, Jones International University 겸임교수

저 서
『경영학 원론』, 한국학술정보(주), 2010
『리스크와 재무설계』, 현학사, 2008(공동저서)
『재무관리의 이해』, 법문사, 2007(공동저서, 개정판)
『현대경영학의 개관』, 법문사, 2006(공동저서)
『재무관리의 이해』, 법문사, 2004(공동저서)
『현대경영학의 이해』, 법문사, 2001(공동저서)

핵심
재테크

초판발행 2010년 2월 25일
초판 3쇄 2019년 1월 11일

지은이 임태순
펴낸이 채종준
기 획 강태우
편 집 안선영
표지디자인 이효정
아트디렉터 양은정
마케팅 김봉환

펴낸곳 한국학술정보(주)
주소 경기도 파주시 회동길 230 (문발동)
전화 031 908 3181(대표)
팩스 031 908 3189
홈페이지 http://ebook.kstudy.com
E-mail 출판사업부 publish@kstudy.com
등록 제일산−115호(2000. 6. 19)

ISBN 978-89-268-0776-7 13320 (Paper Book)
　　　978-89-268-0777-4 18320 (e-Book)